110 *curiosidades* sobre o mundo dos VINHOS

noite adentro
com aromas e sabores

EUCLIDES PENEDO BORGES
autor do *ABC Ilustrado da Vinha e do Vinho*

110 *curiosidades* sobre o mundo dos VINHOS

noite adentro
com aromas e sabores

Prefácio
Ivanir Tavares

MAUAD

2ª Edição: fevereiro de 2006

Direitos desta edição reservados
à MAUAD Editora Ltda.
Rua Joaquim Silva, 98, 5º andar
Lapa — Rio de Janeiro — RJ — CEP: 20241-110
Tel.: (21) 3479.7422 — Fax: (21) 3479.7400
www.mauad.com.br

Projeto Gráfico e Capa:
Paula Tavares

Foto do Autor (quarta capa):
Claudia Tavares

CIP-BRASIL. CATALOGAÇÃO-NA-FONTE
SINDICATO NACIONAL DOS EDITORES DE LIVROS, RJ.

P456c

Penedo, Euclides Borges
110 curiosidades sobre o mundo dos vinhos : noite adentro com aromas e sabores / Euclides Borges Penedo ; prefácio Ivanir Tavares. - Rio de Janeiro : Mauad, 2005
il.

Inclui bibliografia
ISBN 85-7478-168-1

1. Vinho e vinificação. I. Título.

CDD 641.872
CDU 641.87:663.2

para Geraldo Magela de Mattos Sanábio,
amigo no trabalho e na emoção

para Caetano, Otávio e Ricardo,
novos sócios, vida nova

para Aida e Agilberto Pires,
companheiros no vinho e nos aromas,
noite adentro...

Índice

Segunda Parte

Terceira Parte

PREFÁCIO

O convite para prefaciar este livro proporcionou-me não apenas motivo de orgulho, mas, sobretudo, de imenso prazer, movido que fui a reler cada uma das "Curiosidades Enológicas" que o nosso confrade Euclides Penedo Borges vem divulgando nas edições do "ABS Notícias", jornal da Associação Brasileira de Sommeliers, do Rio.

E, ao reler os artigos, não posso deixar de aplaudir a idéia da edição deste livro em que o autor, de forma prática e confortável para seus leitores, consolida em um só volume a primeira centena de seus artigos e mais alguns, perpetuando uma valiosa pesquisa do mundo dos vinhos.

Desde o primeiro artigo publicado em outubro de 1995, "Curiosidades Enológicas" passou a ser a primeira coluna que procuro ler no "ABS Notícias". Com redação concisa, elegante e de agradável leitura, o autor esclarece fatos que satisfazem a curiosidade e aguçam a ansiedade em relação ao tema que será abordado no número seguinte.

Detalhista, vai a ponto de traduzir palavras e expressões que muitas vezes nos passam despercebidas. Poliglota, transita com facilidade nas intrincadas regiões e denominações e classificação dos vinhos germânicos. Didático, não fosse o excelente professor que é, traz em seus artigos ensinamentos claros e precisos. Perspicaz, descobre origens de aromas e sabores, desvendando segredos de adegas.

Neste livro, o leitor vai encontrar respostas a uma série de indagações que o enófilo procura, como a respeito do amargor no vinho; da origem do aroma e do sabor da baunilha, do caramelo e da framboesa; da elaboração do vinho fortificado, do vermute e do jerez, além de lendas e mitos, como a parte do vinho que cabe aos anjos, o corvo da Sicília e o leite da mulher amada. E ainda acontecimentos imprevistos que geram vinhos imprevistos e o surpreendente fato de que o berço do *champagne* está no sul da França.

Acredito tenha me alongado muito neste prefácio, que pretendia conciso, como o são os artigos do autor. Melhor, portanto, é não perder mais tempo e passar logo à leitura do livro, para matar as curiosidades que ele desvenda.

Ivanir Tavares

Enófilo, diretor da Associação Brasileira de Sommeliers (ABS Brasil), membro do Conselho da ABS Rio. Instrutor de grupos de degustação. Advogado no exercício da profissão.

Introdução

A coletânea constante deste livro tem sua história.

Principia com o exemplar do "ABS Notícias" de outubro de 1995, no qual me iniciei como articulista a convite do professor Fernando Miranda, então presidente da associação.

Naquela oportunidade preparei um texto breve sobre o vinho Hermitage, cuja criação pareceu-me, no mínimo, curiosa. É atribuída ao Cavaleiro Gaspar de Sterimberg, um Cruzado contra os Albigenses na França do século XIII, posteriormente eremita e vinicultor em uma encosta do Rhône.

Imaginando que o artigo poderia ser o primeiro de uma série, eu o amparei sob o título "Curiosidades Enológicas", crendo que se conseguisse chegar ao número 70 poderia me candidatar à Academia Brasileira de Letras tornando-me imortal sem me submeter aos sacrifícios e mortificações que uma imortalidade decente requer.

Por motivos diversos, porém, "Curiosidades Enológicas" acabou não aparecendo nos três exemplares seguintes, adiando meu modesto projeto. A série foi retomada em fevereiro de 1996 e desde então não mais deixou de ser publicada mês a mês.

Ao escrever estas linhas, oito anos depois, ela já ultrapassa em muito o horizonte inicial de 70 e chega ao seu número 110 sem que eu tenha recebido qualquer aceno por parte dos imortais.

Penso mesmo em compensar minha persistência constituindo, à sombra da iniciativa de Machado, uma Academia Brasileira de Letras Enológicas na qual eu possa criar minha própria imortalidade sem necessidade de recorrer a terceiros.

Enquanto isso, leitores, bom proveito com estas *110 Curiosidades sobre o Mundo dos Vinhos!*

Euclides Penedo Borges

Apresentação & Agradecimentos

Apesar do caráter aleatório dos títulos, algumas regras foram seguidas:

Amenizar a leitura, dentro dos limites propostos, incluindo temas históricos, lendários ou mitológicos. Falar de todos os países e regiões vinícolas, indistintamente. Incluir artigos técnicos sem tecnicismos, dedicar alguns textos aos aromas dos vinhos e de outras bebidas, outros à combinação dos vinhos com as comidas ou às variedades de uvas. Reservei um artigo a cada oito para o vinho no Brasil.

As Curiosidades aqui apresentadas não foram simplesmente transcritas da versão original. O passar do tempo obrigou-me a certas adequações, tanto nos títulos, mantidos em sua maior parte, quanto nos textos. Em alguns casos os fatos mudaram, em outros as informações mostraram-se incompletas ou inadequadas, em poucos houve mudança de opinião de minha parte.

Diferentemente de minha obra anterior, o *ABC Ilustrado da Vinha e do Vinho*, de caráter didático, quis compor um livro que, instruindo, puxando pela memória ou divertindo, fosse de fácil leitura, podendo ser degustado em qualquer ordem, inclusive para os leitores insones ou notívagos, que se dedicam à leitura noite adentro, razão do subtítulo.

Animou-me o incentivo que mereci por parte de leitores, alunos, companheiros do vinho e amigos para mais essa incursão literária. O confrade Ivanir Tavares, advogado, enófilo, instrutor de degustações e diretor da ABS, dispôs-se a prefaciar o livro. A amiga e leitora Gilda Dias de Souza deu-se ao trabalho de registrar em CD Rom 93 artigos da série "Curiosidades Enológicas".

Leitores assíduos colaboraram comigo, comentando ou fazendo observações. Alguns me forneceram livros sobre vinhos inéditos no Brasil. A todos eles, igualmente, meus agradecimentos.

Primeira Parte

Os artigos a seguir, de números 1 a 49, foram escritos originalmente entre outubro de 1995 e dezembro de 1999. Eles se apresentam aqui bastante modificados, conforme explicado na apresentação.

No que diz respeito ao Velho Mundo, a França mereceu, nesta primeira parte, nove referências. Itália e Alemanha, em conjunto, outras tantas.

Oito foram para a Península Ibérica e três para Áustria, Grécia e Hungria. Do Novo Mundo, seis artigos foram para o Brasil e seis para outros: Califórnia, Chile, Argentina, África do Sul e Austrália.

Uma referência à Nova Zelândia aparece na Segunda Parte. Completaram a série sete artigos técnicos e um de harmonização.

1 | Hermitage

Conta a história que, ao se estabelecer no sudeste da França, retornando da Cruzada contra os Albigenses, o cavaleiro Gaspar de Sterimberg devotou-se à meditação, tornando-se eremita.

Escolheu para sua ermida – *hermitage* em francês – uma das encostas do vale do Rio Ródano, onde ergueu minúscula capela, um oratório apenas, dedicada a São Cristóvão.

Naquele lugar escarpado, de forte insolação, Gaspar cultivou a vinha, elaborou vinhos e recebeu visitantes e peregrinos aos quais oferecia o vinho de sua produção, cuja fama se espalhou rapidamente com o nome de HERMITAGE.[1]

A capela encontra-se até hoje no alto da colina, próxima à cidade de Tain l'Hermitage, restaurada que foi pela família Jaboulet, produtora e distribuidora dos vinhos La Chapelle, lembrando a capela, e Chevalier de Sterimberg, em homenagem ao Cavaleiro.

O Hermitage teve papel destacado na França. Era misturado a vinhos inferiores para melhorar a qualidade, a ponto de ter existido em francês o verbo *hermitager* significando "provocar uma melhoria".

Como elaborados atualmente, os Hermitage superiores são vinhos de cor púrpura, concentrados, de evolução lenta, necessitando de cinco a oito anos de amadurecimento antes do consumo, devido à sua riqueza em taninos.[2]

Entre seus produtores e distribuidores, contam-se Chapoutier, Jaboulet Aîné, Chave, Delas Frères e Guigal, cujos vinhos estão disponíveis no Brasil.

1 – Após o assassinato do representante papal em Toulouse, França, em 1208, o Papa Inocêncio III desfechou violenta Cruzada contra a seita Albigense, assim conhecida por sua ação na cidade de Albi. A Cruzada durou 20 anos. O Hermitage nasceu, portanto, por volta de 1240.

2 – O Hermitage tinto é feito com a uva Syrah, estruturada e taninosa. Dizia-se que teria origem em Shiraz, na Pérsia, hipótese sem sustentação. Mais verossímil é que essa palavra venha de Siracusa, colônia grega na época em que os gregos conquistaram o Rhône. Exames ampelográficos dos anos 90 esclareceram que a Syrah é nativa do Rhône mesmo.

2 | Valdepeñas, a capital

Quem viaja de carro de Madri para o sul da Espanha, na auto-estrada que liga a capital a Sevilha, passa por uma cidadezinha cujos habitantes não fazem por menos: consideram-se na capital vinícola do mundo!

Contando com cerca de 50 mil habitantes, a cidade tem 50 "bodegas" e dezenas de bares onde seus moradores se reúnem, aos sábados e domingos à tarde, para beber, falar e discutir sobre vinhos. Não estranhemos o exagero.

Centro vinícola da extensa região de La Mancha, por onde vagaram Dom Quixote e Sancho Pança em suas aventuras e desventuras, Valdepeñas – Vale de Pedras – tem sido grande fornecedor de vinhos para as tascas, tabernas e *tablaos* de Madri, onde o consumo é enorme.

A região em torno de Valdepeñas é um mar de vinhedos – uvas brancas Airen e tintas Cencibel e Garnacha – pontilhada de casarios e moinhos de vento.

Há bem pouco tempo os tintos eram preparados, curiosamente, a partir da casta branca Airen, à qual se adicionavam de 10% a 20% da tinta Cencibel para dar cor. Agora, a Cencibel predomina.

O método de elaboração tradicional incluía a fermentação em jarros de argila – as *tinajas* – que hoje enfeitam as laterais das ruas mais largas, com dois a três metros de altura, descendentes das antigas ânforas romanas.

Agradáveis de beber, sem ser grandes, os melhores Valdepeñas tintos se caracterizam por sua cor clara, alcoolicidade média entre 12% e 13% – e baixa acidez, o que os desequilibra um pouco. E, não há por que não dizer, os menos cuidados e mais baratos são ruins de doer.

Se você estiver na capital espanhola nas proximidades da Plaza Mayor, experimente as *tapas* acompanhadas de um bom Valdepeñas em um daqueles bares populares da "Madrid de los Áustrias". Vai gastar somente umas moedas e nada mais.

3 | vinhos e mistérios da Sardenha

Essa ilha italiana do Mediterrâneo, montanhosa, seca, enigmática, mantém-se um pouco isolada do mundo europeu, em seu interior.

Idéia desse isolamento nos dão os filmes dos irmãos Paolo e Vittorio Taviani, em especial *Pai, Patrão,* ganhador da Palma de Ouro de Cannes em 1977.

Fora o turismo milionário da Costa Esmeralda, o que dá especial personalidade à Sardenha são seus monumentos, vinhedos e vinhos.

Quem visita o interior da ilha se vê envolto no mistério que cerca os *nuraghi,* torres de pedra em forma de cone, além de monumentos primitivos, casas de feiticeiras, túmulos gigantes, etc.

Em torno deles as vinhas cobrem grande parte da paisagem, seja das uvas nativas Nuragus, Mônica e Giró, seja de uvas continentais como Malvasia, Moscatel e Canonau, nome local da Grenache francesa.

São renomados na Itália os vinhos de sobremesa de Cagliari, no sul da ilha. Tintos e doces, de alto teor alcoólico, chegando os licorosos reserva aos 17°GL, eles são elaborados com a uva nativa Giró e lembram, de longe, um Vinho do Porto.

Outro vinho da Sardenha que se pode encontrar nas lojas e restaurantes da península itálica é o Vernaccia de Oristano, amadurecido em barricas de castanheira, com seu aroma ao estilo do Jerez e ligeiro amargor final. Provém da uva Vernaccia, muito louvada localmente e que na Toscana origina o delicioso Vernaccia de San Gimignano.

O mais apreciado vinho branco é produzido a partir das uvas Vermentino, próximo à cidade de Santa Teresa di Gallura, no norte da ilha. O Vermentino di Gallura, bastante seco, rico em álcool e frutado, vai bem, naturalmente, com peixes e frutos do mar, base da robusta cozinha mediterrânea.

4 | a cor dos vinhos verdes

Uma característica comum a todos os vinhos brancos é que nenhum deles é branco. Compare um copo de leite com um copo de vinho branco. Mesmo que você não seja um enófilo, saberá dizer qual dos dois tem vinho.

A mesma idéia cabe para os vinhos verdes, ou seja, nenhum deles é verde. Ou é branco ou é tinto. Coloque um cálice de licor de menta ao lado de um cálice de vinho verde: você saberá dizer qual tem vinho, qual não tem... É que o nome verde não tem a ver com a coloração e sim com o frescor e com a pouca idade com que deve obrigatoriamente ser consumido. É verde, pois, em oposição a maduro.

A região produtora dos Vinhos Verdes fica no noroeste de Portugal, no vale do Rio Minho, já na fronteira com a Galícia. Nessa região os cachos de uva – Azal, Loureiro, Alvarinho... – pendem lá do alto, sombreados pelas folhas, sujeitos, portanto, a pouca insolação, resultando uvas ácidas que acomodam pouco açúcar. A Alvarinho é exceção.

O vinho daí proveniente tem acidez alta e baixa alcoolicidade. Após uma segunda e discreta fermentação natural, sobra anidrido carbônico no interior da garrafa, conferindo-lhe a "agulha" característica. É, por isso mesmo, vinho para ser bebido ainda jovem e refrescado.

Como o charme dos vinhos verdes depende de seu frescor e juventude durante muito tempo, no passado, ele não saía de Portugal. Hoje se pode encontrá-los facilmente no Brasil.

Ao adquiri-los, atente para a sua idade e encontre um jeito de verificar se ele ainda tem "agulha", para não comprar gato por lebre. No Brasil são comuns, entre tantos outros, o Palácio da Brejoeira, o Casal Garcia, o Magriço, o Soalheiro, o Casalinho e o indefectível Acácio dos nossos restaurantes portugueses.

5 | o médico de Bernkastel

Os vinhos brancos mais conhecidos da Alemanha, e às vezes também os mais caros, têm origem na parte média do Rio Mosel, Moselle na França, Mosela para os portugueses.

Na realidade, vêm da região do Rio Mosel e de seus afluentes Saar e Ruwer os vinhos brancos alemães mais populares no Brasil, entre os quais o Zeller Schwartze Katz, o Wehlener Sonnenuhr e o Zeltingen Himmelreich, respectivamente de Zell, de Wehlen e de Zeltingen.

Os terrenos inclinados, às margens do rio, são ali ricos em ardósia e propícios ao cultivo e amadurecimento adequado das uvas Riesling.

Na curva acentuada do Mosel perto da cidadezinha medieval de Bernkastel, o terreno atinge o máximo de inclinação e a ardósia é farta e dura, propiciando rápido escoamento para as águas.

Assim, a excelência dos vinhos brancos locais é resultante do casamento da Riesling com os terrenos inclinados de ardósia, como de resto acontece também no Rheingau.

A técnica secular de vinificação em branco da Alemanha, aliada a tal casamento, confere aos caldos do médio Mosel aquele perfeito equilíbrio entre aromas, delicados e frutados, e sabor suave, com um fim de boca discreto, floral, elegante, característico dos vinhos alemães que levam a denominação Bernkasteler no rótulo.

Inclui-se entre eles o mitológico, raro e muito caro Bernkasteler Doktor, cuja ingestão, segundo se diz, já curou muita gente importante, de cardeais da igreja a reis da Inglaterra.

Justifica-se assim o nome Bernkasteler Doktor, que significa, ao pé da letra, o "médico de Bernkastel".

6 | o Chile, a cabernet sauvignon e os pioneiros

Durante a campanha contra a dominação espanhola, o patriarca da independência chilena, Bernardo O'Higgins, antes de avançar sobre Santiago, refugiou-se com 120 de seus soldados em Alto Jahuel, vale do Maipo, ao sul da capital.[3]

O refúgio dos patriotas é hoje um monumento nacional e se encontra na propriedade da Vinícola Santa Rita, entre os rios Maipo e Rapel. Isso explica porque um dos vinhos da Santa Rita tem o nome de Cento y Veinte.

O tinto Cabernet Sauvignon Rapel 120 safra 93 mereceu 85 pontos da revista Wine Spectator, na escala de zero a cem, apesar de seu preço de apenas US$ 7.00 a garrafa, na origem. Alguns tintos franceses nessa pontuação qualitativa custam dez vezes mais. É essa uma característica dos Cabernet Sauvignon do Chile: uma relação francamente favorável entre qualidade e preço.

A vinicultura chilena deve sua virtude pelo menos a dois pioneiros na segunda metade do século XIX. Um deles foi Matias Cousiño, cujas vinhas próximas ao rio Macul deram origem à atual vinícola Cousiño Macul, bem conhecida dos brasileiros. Imperava aí o Antíguas Reservas, Cabernet Sauvignon do primeiro time internacional, comparável a um Cru Classé, insuperável acompanhamento para um assado de cordeiro, no seu nível de preço. O outro foi Melchor de Concha y Toro, cujas vinhas em Pirque, vale do Rio Maipo, originaram a gigantesca vinícola que leva seu sobrenome. Na *bodega* Concha y Toro destacam-se o Marques de Casa Concha, tinto achocolatado dos vinhedos próximos de Santiago, e o Don Melchor, encorpado, aromático, entre os melhores Cabernet Sauvignon de todo o continente americano.

3 – Desde 1778, o Chile era mantido pela Espanha como a Capitania da Nova Estremadura, subordinada ao vice-rei do Peru. Em 1818, após vencer as tropas do vice-rei em Chacabuco e no Maipo, com a ajuda de San Martín, o chileno Bernardo O'Higgins entrou em Santiago com seus soldados sob aclamação popular e declarou a independência do Chile.

7 | o Tokaji da Hungria

Diz-se que o húngaro é o único idioma que o diabo teme, com suas cedilhas nas vogais e acentos circunflexos nas consoantes. Procurei saber o significado da palavra "aszú", que consta do rótulo dos vinhos Tokaji. Ensinaram-me que significa "seca" ou "enxuta". Aplicada à uva, podemos traduzi-la por "passificada" ou "botritizada". Pois o mais consagrado e representativo vinho da Hungria é o Tokaji aszú, branco doce, botritizado e vinificado em condições especiais próximo à cidade de Tokaji, no nordeste do país boêmio.

As uvas furmint, apodrecidas nobremente e tornadas passas, são amassadas para formar uma pasta, rica em açúcar, que é condicionada em recipientes de volume padrão, baldes ou cestas de 20 litros, conhecidos como *puttonyos*.

Determinado número de *puttonyos* – de um a seis – é vertido em recipientes de volume conhecido contendo mosto de uvas da mesma safra, no fim da fermentação. Essa se reativa, conferindo ao vinho resultante suas características especiais de aroma e doçura.

O número de *puttonyos* adicionado consta do nome do vinho. Após o amadurecimento nas barricas, em cavas profundas, o Tokaji aszú é acomodado em garrafas *sui generis*, de meio litro, com o gargalo alongado.

Trata-se de vinho de sobremesa com excepcionais características de doçura e nobreza, com aromas de compotas de frutas e de laranja com mel, que encontra paralelo somente nos sauternes franceses e nos trockenbeerenauslese alemães.

8 | vinhedos brasileiros na fronteira

Não são muitos os lugares do mundo que se prestam ao cultivo adequado de uvas viníferas nobres.

No Hemisfério Sul, tais lugares se encontram, predominantemente, entre os paralelos de 30 e 40 graus. O paralelo 30 passa por Porto Alegre, o paralelo 40 passa pelo centro da Argentina, já na Patagônia.

Após instalar-se no Brasil, nos anos 1970, a Almadén Vineyards, originária da Califórnia, adquiriu uma extensa área – 1200 hectares – em Palomas, município de Santana do Livramento, junto à fronteira com o Uruguai.

Por ali passa o paralelo 31. A região é menos chuvosa do que a Serra Gaúcha, os solos são mais alcalinos e os terrenos planos permitem a mecanização.

A Almadén, atualmente em mãos do grupo francês Pernod Ricard, formou em Palomas o maior vinhedo da América do Sul, para alimentar sua vinícola com as castas nobres européias Cabernet Sauvignon, Cabernet Franc, Merlot, Tannat, Gamay, Chardonnay, Sauvignon Blanc e outras menos votadas.

Ali próximo, na localidade de Cerro do Chapéu, a família Carrau também cultiva vinhedos de castas finas para seus conhecidos vinhos Juan Carrau e Velho do Museu. Parte deles recebem cultivo orgânico.

A Miolo plantou variedades portuguesas no sítio histórico do Seival e as garrafas da primeira safra já estão no mercado.

Agora a área fronteiriça se tornou moda entre os vinicultores, expandindo-se o cultivo em direção a Bagé. A expectativa é de que as uvas venham a originar vinhos de qualidade a nível internacional.

Quem viver, verá!

9 | a cabernet sauvignon na serra gaúcha

Uva considerada a mais nobre das viníferas tintas, a Cabernet Sauvignon foi e continua sendo aclimatada em diversas áreas viníferas do mundo, deslocando inclusive castas tradicionais nessas áreas, como aconteceu na Toscana, Itália.

Vinificada adequadamente, origina vinhos tânicos quando jovens, com potencial de evolução e melhoria com o tempo. Vide os grandes Bordeaux da margem esquerda e os varietais californianos.

Também no Brasil – leia-se Serra Gaúcha – a Cabernet Sauvignon foi aclimatada com sucesso. Os primeiros sinais já haviam sido percebidos na estação de aclimatação da antiga Maison Forestier, em Garibaldi.

No fim dos anos 80 o Reserve Forestier Cabernet Sauvignon era considerado um dos melhores, senão o melhor, tinto nacional.

Posteriormente surgiria o Barão de Lantier Cabernet Sauvignon 1991, da De Lantier Vinhos Finos, também de Garibaldi, lançado no mercado após amadurecimento por 12 meses em madeira e longo envelhecimento em garrafa. Talvez tenha sido o tinto brasileiro da década de 90.

Na mesma categoria esteve o Miolo Cabernet Sauvignon Reserva 1991, da Vinícola Miolo no Vale dos Vinhedos, Bento Gonçalves, e, já no século XXI, o Lote 43, corte de Cabernet com Merlot.

Sem pretender esgotar o assunto, cito também o Cave de Amadeu Cabernet Sauvignon produzido em 1994 e o Lovara Cabernet Sauvignon Grande Reserva de 1999...

Destaques entre os vinhos nacionais nos anos 90 que merecem nosso apoio e que nos reservaram surpresas agradáveis, a preços acessíveis.

10 | a chardonnay no Napa Valley

Chardonnay, a mais famosa e desejada das variedades brancas, proporciona alguns dos melhores vinhos do mundo, entre eles os grandes brancos da Borgonha – Montrachet, Mersault – e os espumantes *blanc de blancs* da Champagne.

Planta de características botânicas estáveis, aclimata-se com facilidade em qualquer área de clima temperado com solos pouco férteis. Encontra-se na atualidade em toda parte onde se desenvolve uma viticultura de categoria.

Fora da França, a Chardonnay se deu especialmente bem na metade sul do vale do Rio Napa, na Califórnia.

É região muito rica e de bela paisagem, relativamente pequena, não mais que 60 quilômetros entre seus extremos sul e norte e dez quilômetros entre os limites leste e oeste.

Ao longo do vale, podem-se encontrar algumas das vinícolas que produzem ótimos Chardonnay californianos, tais como a Beringer, a Kistler, a Matanzas Creek, a Far Niente, a Grgich Hills, a Trefethen, a Stags Leap Wine Cellars e a Williams Selyem, entre tantas outras...

Todas utilizam o estacionamento em barris de carvalho, conforme o gosto americano, com permissão para a fermentação malolática. Comparados com os Chardonnay franceses, os vinhos são mais alcoólicos e untuosos, porém com menos frescor e, em certos casos, acentuadamente amadeirados.

Vinhos brancos alcoólicos, amarelo ouro, com personalidade e estilo próprios, de aroma agradável, paladar de primeira, intensos e persistentes, com um retrogosto amanteigado.

11 | tintos da Austrália

Dois acontecimentos na segunda metade dos anos 90 destacaram, para os enófilos brasileiros, a atualidade dos vinhos australianos.

O primeiro, de caráter local, foi a entrada dos mesmos no mercado nacional a preços competitivos com os chilenos, argentinos e californianos, quando equivalentes em qualidade.

A Associação Brasileira de Sommeliers, no Rio e em São Paulo, chegou a promover com sucesso degustações de vinhos australianos, de aspectos impecáveis, aromáticos e de bom corpo, desconhecidos da maioria naquela época.

O segundo acontecimento, agora internacional, foi a surpresa reservada pela revista Wine Spectator, poderosa formadora de opinião, quando elegeu como Vinho do Ano de 95 o australiano Penfolds Grange Shiraz 1990, que precisou bater, para isso, grandes tintos de regiões tradicionais, tendo ficado à frente de um Bourgogne Musigny 93 e de um Brunello di Montalcino 90. Isso é incrível!

Na realidade, porém, a Austrália já é terra de vinhedos e de vinhos desde sua colonização pelos ingleses que ali chegaram em 1788, capitaneados por Arthur Phillip.

A produção se dá, principalmente, em três regiões, todas no sul do continente, e os tintos de destaque são da Cabernet Sauvignon e da Shiraz.

Victoria – região de maior produção, deve seu nome à cidade mais importante do centro sul australiano. Destacam-se os tintos das sub-regiões de Great Western e Yarra Valley.

Nova Gales do Sul – tem no Hunter Valley seu distrito vinícola mais famoso, mas a área de Mudgee está em ascensão.

Austrália do Sul – tem em Adelaide sua cidade principal e em Barossa Valley a região vinícola mais destacada, inclusive pelo Penfolds Grange acima citado.

12 | a origem da palavra sommelier

Na Europa medieval, o deslocamento dos senhores feudais e dos príncipes para a conquista de novos territórios ou para a guerra era sempre seguido de comitiva numerosa.

Parte dessa comitiva, sempre na retaguarda, era formada pelos subalternos encarregados dos animais de carga e das viaturas que transportavam alimentos e bebidas, panelas e caldeirões, talheres, copos e pratos.

Essas mercadorias vinham dentro de fardos e constituíam a soma – *somme*, em francês –, isto é, o conjunto dos víveres com que se alimentavam os nobres e seu séqüito. Por isso mesmo, os animais de transporte e as viaturas eram chamados *sommiers* (sic).

Por uma evolução lingüística natural, os oficiais encarregados do transporte de tais cargas passaram a ser chamados, inicialmente, *sommierliers* e, finalmente, *sommeliers*.

Mais tarde esse nome passou a representar funções mais sofisticadas. Inicialmente nos palácios, mais tarde nos restaurantes, o nome era dado ao encarregado dos alimentos e das bebidas, de seu provimento, serviço e conservação.

Hoje em dia cabe ao *sommelier*, além da adequada disposição, provimento, guarda e serviço das bebidas, conhecer os alimentos e sua preparação e, em especial, sua harmonização com os vinhos a serem servidos, sendo seu mister fazer indicações ou orientar os comensais a esse respeito.

13 | vinhos brancos da Áustria

Em meados dos anos 80, a vinicultura austríaca se viu envolvida em um escândalo internacional, quando foi constatado que a doçura de alguns de seus vinhos era proveniente da adição de uma substância edulcoraste tóxica.[4]

Fisicamente não houve vítimas, mas diversos pequenos produtores foram seriamente prejudicados em seus negócios com a constatação do fato. A Áustria passou, desde então, a adotar novas leis e regulamentos bastante rígidos quanto à qualidade.

Hoje, uma década depois de ter comemorado seu segundo milênio e passados 20 anos da fraude, a Áustria tem sua vinicultura totalmente recuperada e mantém a posição de importante país vinícola da Europa Central, em especial quanto aos vinhos brancos.

A produção se dá em seis sub-regiões, todas do leste do país. No sul, a Estíria (*Steiermark*) apresenta brancos secos e ácidos da Moscatel (*Muskateller*) e da uva conhecida como Morillon, nome local da Chardonnay. A curiosidade regional, entretanto, é o Schilser Rosé.

No sudeste, fronteira com a Hungria, a Burgenland se destaca por brancos de sobremesa botritizados da Gewürztraminer e da nativa Bouvier, elaborados às margens do grande lago Neusiedlersee.

Em Kamptal, vale do Danúbio, predomina a Grüner Veltiliner, casta branca rica em acidez, que responde por metade da produção austríaca. Já a Riesling tem presença importante na vizinha Wachau, também no Danúbio, com vinhos refinados que rivalizam com os alemães da mesma variedade.

No norte encontra-se a Baixa Áustria (*Niederösterreich*), extensa área de vinhedos de Grüner Veltliner e Riesling.

Finalmente, em tomo da capital, são elaborados os brancos da Grüner Veltiliner, florais e vivos, que fazem a alegria dos seus bares e de seus elegantes cafés. Viena vangloria-se de ser a única capital européia que é uma região vinícola.

4 – A substância usada indevidamente foi o Dietilenoglicol, um líquido doce com duas funções álcool, usada industrialmente como solvente.

14 | a África do Sul entre os grandes

Não foi somente a Austrália que nos trouxe surpresas quando o seu Penfolds Grange Shiraz 1990 foi considerado o Vinho do Ano de 1995 pela revista Wine Spectator.

Também a África do Sul, praticamente desconhecida dos brasileiros como país vinícola até os anos 80, compareceu à lista dos cem melhores do mundo daquele ano, com um branco Chardonnay – o Glen Carlov 94 – e um tinto Cabernet Sauvignon/ Merlot – um Stellenbosch Winery 92 –, ambos com nota 90 na escala de zero a cem da influente revista.

Na verdade, a vinicultura sul-africana já é tricentenária. Ela entrou, porém, em declínio e viveu um período caótico em fins do século XIX e princípios do século XX, até que se formou a Associação Cooperativa de Vinicultores, em 1918. Restabeleceu-se a ordem e a produção foi ajustada às exigências do mercado. Ela foi limitativa, no entanto, na medida em que o engarrafamento e a rotulagem passaram a ser realizados somente sob os auspícios da associação.

A moderna produção de vinhos de qualidade data dos anos 70 e seu reconhecimento internacional só chegou após o fim do apartheid, em 1990, com o cessar do boicote respectivo.

A principal região vinícola localiza-se no sudoeste, no chamado Cinturão Litorâneo, em tomo da cidade do Cabo, e inclui as províncias de Stellenbosch, Paarl e Constantia, atualmente grandes exportadoras, além de Swartland ao norte do Cabo e da Baía de Walker, ao sul.

As castas brancas mais encontradas são a Chardonnay, a Riesling e a Chenin Blanc, com o nome local de Steen para os secos e Palomino para os generosos tipo Jerez. Entre as tintas, a Merlot, a Cabernet Sauvignon e a Shiraz se destacam.

A mais característica das uvas da África do Sul, porém, é a Pinotage, híbrida obtida no centro de pesquisas botânicas da Universidade de Stellenbosch, pelo cruzamento das francesas Pinot Noir e Cinsault, essa última denominada Hermitage pelos viticultores sul-africanos.

15 | rótulos de vinhos alemães

Sendo a língua alemã pouco conhecida da maioria, a leitura e interpretação dos rótulos dos vinhos alemães é tarefa penosa e até um obstáculo para a aquisição de excelentes vinhos brancos. Seguem algumas dicas para ajudar a leitura:

• Os vinhos alemães de qualidade (*Qualitätswein*) têm indicação da sua região de origem – uma das 13 existentes –, sendo comuns entre nós: Mosel, Pfalz, Rheingau, Rheinhessen e Franken.[5]

• Os vinhos secos trazem no rótulo a palavra *trocken*. Os semi-secos são *halbtrocken*.

• O nome da comunidade produtora é identificável pelo sufixo *er*. Assim, o Bernkasteler é elaborado em Bernkastel; o Erbacher vem de Erbach; o Wehlener, de Wehlen.

• Indica-se também o nome da uva predominante: Riesling, Müller-Thurgau, Silvaner, Scheurebe, Portugieser, etc.

• Aparece sempre o predicado do vinho – *Qualitätswein mit Prädikat* – definido com base na colheita. Se for colheita normal é Kabinett, se a colheita foi tardia é Spätlese, se a colheita é feita com seleção de cachos é Auslese, com seleção bago a bago é Beerenauslese...

Ao aprovar um vinho, a comissão oficial confere-lhe um número precedido das iniciais A.P. O último algarismo representa o ano da aprovação. *Erzeuger Abfüllung* quer dizer engarrafado pelo produtor. Veja os exemplos a seguir:

1 – *Rheingau 1995er – Steinberger Scheurebe Halbtrocken Qualitatswein – A.P. Nr. 766.660 – Erzeuger Abfüllung – Weingut Balthazar Ress*

Vinho semi-seco de qualidade, sem predicado, do Rheingau, safra 1995, elaborado em Steinberg com a uva Scheurebe. Aprovado sob o n° AP 766.660. Engarrafado pelo produtor Balthazar Ress.

5 – As 13 regiões vinícolas da Alemanha, após a reunificação, são as seguintes: Baden, Pfalz, Württemberg, Franken, Rheinhessen, Bergstrasse, Rheingau, Nahe, Mittelrhein, Mosel, Ahr, Saale-Unstrut e Sachsen.

2 – *MOSEL-SAAR-RUWER 2002er – BERNKASTELER RIESLING AUSLESE – QUALITATSWEIN MIT PRADIKAT – TROCKEN – AP Nr. 802.000 – ERZEUGER ABFÜLLUNG – WEINGUT DR. THANISCH*

Vinho seco de qualidade com o predicado Auslese, do Mosel, safra 2002, elaborado em Bernkastel com a uva Riesling. Aprovado como Vinho de Qualidade com Distinção, sob o n° AP 802.000. Engarrafado pelo produtor Dr. Thanisch.

16 | as castas tintas de La Rioja

Sempre citados entre os melhores vinhos finos europeus, os tintos da região de La Rioja, no centro-norte da Espanha, apresentam uma característica de equilíbrio toda especial.

O sistema de amadurecimento desses vinhos em barricas bordalesas de carvalho americano, que lhes conferem o típico aroma de baunilha e coco, data da segunda metade do século passado, quando Dom Camilo Hurtado, o Marquês de Riscal, adotou técnicas de vinificação francesas em suas *bodegas*.

Já o equilíbrio álcool-acidez-tanicidade provém da qualidade complementar das quatro uvas utilizadas na região demarcada.

Predomina sempre a *tempranillo,* uva azulada de cachos e bagos de tamanho médio, com polpa incolor, que confere fineza e personalidade a esses caldos de cor estável, rubi escura, aromas frutados e de especiarias e boa persistência aromática.

Segue-se a *mazuelo,* que complementa a anterior no que lhe falta em tanino e matéria corante, acrescentando, portanto, longevidade e corpo.

A terceira é a *graciano* que, com seu marcante aroma *sui generis,* contribui decisivamente para o chamado "Sabor Rioja".

As três uvas acima são nativas do vale do rio Ebro, que atravessa a região. O rio Oja, que dá nome à mesma, é um pequeno afluente do Ebro.

Já a quarta casta – a *garnacha* – procede de Aragão e é, na verdade, a uva de maior extensão de cultivo na Espanha. Com seu mosto de alto teor alcoólico, ela intervém compensando o teor alcoólico apenas moderado da *tempranillo.*

Assim, o equilíbrio dos tintos da Rioja provém da fineza da *tempranillo,* dos aromas da *graciano,* corpo e tanino da *mazuelo* e concentração em açúcar da *garnacha,* associados ao longo repouso em madeira.

17 | vinhos do vale de Faria Lemos

Já se tornou um programa turístico consagrado o giro pelas cidades da Serra Gaúcha, incluindo Caxias do Sul, Garibaldi e Bento Gonçalves, degustando-se ali, em clima ameno, os bons vinhos do sul do Brasil. Mas há boas surpresas fora deste roteiro.

Quem sai do circuito tradicional e segue pela estrada de Veranópolis, depara-se, sete quilômetros depois da entrada de Bento Gonçalves, com um desvio para a localidade de Faria Lemos. Em meio a belíssimo vale verde, ergue-se uma colina mais alta que as demais, conhecida como Monte Lemos. Nas suas encostas encontram-se os vinhedos da família Dal Pizzol.

À época da Segunda Grande Guerra, o patriarca da família, Atílio Dal Pizzol, descendente de imigrantes italianos chegados ao local em 1878, passou a plantar e a aclimatar castas viníferas européias nas encostas do Monte Lemos. Em pouco tempo o vinho do lugar, produzido inicialmente apenas para consumo familiar, tomou-se apreciado nas vizinhanças.

Em 1974, Atílio e seus filhos resolveram comercializar seus vinhos, com o nome Do Lugar, criando para isso a Vinícola Monte Lemos e prosperaram. Atualmente a empresa familiar, com o nome de Vinícola Dal Pizzol, conta com um espetacular parque temático nas vizinhanças de Faria Lemos.

Elabora vinhos varietais, cortes e espumantes bem cuidados, que adquiriram renome sob três diferentes denominações – Do Lugar, Dal Pizzol e Monte Lemos – justificadas pelos fatos acima relatados.

Os participantes do Circuito 2004 de Vinhos do Brasil tiveram a oportunidade de confirmar a qualidade do Dal Pizzol Espumante Brut, do tinto Assemblage 30 Anos e do tinto Do Lugar Merlot – Cabernet.

É dar uma chegada em Faria Lemos e degustar, com um dos membros da família Dal Pizzol, um bom Reserva familiar acompanhado de pães, queijos e embutidos caseiros.

18 | Chinon: uma glória do Vale do Loire

Diversos afluentes do Rio Loire colaboram com a beleza do vale que ele percorre, salpicado de castelos e vinhedos. Entre esses afluentes está o Rio Vienne, que chega ao rio principal após passar pela pequena mas célebre cidade de Chinon. Três são as fontes dessa celebridade:

Historicamente, por ter sido em seu lindo castelo medieval que Joana D'Arc conversou pela primeira vez com o rei da França, convencendo-o a lutar contra o domínio inglês.[6]

Literariamente, porque Rabelais exaltou a beleza do local e a qualidade de seus vinhos, tendo se transformado em herói da cidade e dando seu nome a ruas, hotéis e restaurantes em Chinon.[7]

Do ponto de vista enológico, por seus vinhos tintos elaborados a partir da Cabernet Franc, localmente conhecida como *breton*, em comunas e aldeias cujos nomes já são em si uma delícia: *sazilly, cravant, savigny-en-veron*.

Vinhos para beber ainda jovens, com aromas entre o floral (violeta, jasmim), o frutado (framboesa, amora) e o vegetal (pimentão).[8] Chinon elabora também brancos e rosados. Esses, entretanto, têm menos renome fora da região, pois os vinhos da vizinhança – brancos de Vouvray e rosados de Anjou – são muito conhecidos e consumidos.

Se o Vale do Loire é passagem obrigatória para o turista na França, Chinon, na Touraine, é imperdível para o enófilo.

6 – Chegando ao castelo de Chinon, em 1429, Joana d'Arc conseguiu reconhecer o herdeiro do trono francês escondido entre os cortesãos. Convenceu-o então a constituir o exército que conquistaria Orleans, abrindo caminho para a sagração de Carlos VII como rei da França, em Reims.

7 – O escritor François Rabelais (1494 -1553) nasceu no Vale do Loire, perto de Chinon. Criou a figura do glutão Pantagruel, símbolo de desregramento em relação ao vinho e à boa mesa e origem do adjetivo "pantagruélico", isto é, "superabundante em bebidas e comidas".

8 – Os tintos da Cabernet Franc exprimem-se diferentemente segundo a safra. Anos de muito sol revelam um frutado nítido de framboesa e cassis, verões menos ensolarados revelam aromas mentolados encobrindo a fruta. O aroma do pimentão, porém, é sempre sentido devido à presença, em qualquer caso, da Isobutilpirazina, cujo odor lembra aquele vegetal.

19 | o sal e a origem do Cognac

Durante muitos anos, e até o início do século XII, agricultores das vizinhanças da Charente, na costa oeste da França, produziam um vinho acídulo para consumo próprio.

Por essa mesma época, era freqüente a chegada, aos portos próximos, de navios provenientes dos países nórdicos, à procura de sal, riqueza da região, para reabastecimento.

Lembremos que o sal era indispensável no passado para a conservação dos alimentos. Os marinheiros certamente gostavam do tal vinho acídulo. Aproveitando-se do fato, os vinha teiros passaram a colocar barricas do mesmo nos armazéns, sempre que sobrava algum espaço em meio às barricas de sal.

O mercado inesperado prosperou e o espaço acabou se tornando um empecilho. Foi então que se colocou em prática a idéia de ferver o vinho, concentrando-o para economizar espaço. Ele deveria ser diluído no destino. Três foram as conseqüências principais:

Primeiro, ganhou-se espaço, e um número crescente de barricas com a bebida destilada passou a ser transportado. Em segundo lugar, a bebida tornou-se mais barata, já que, sendo um destilado, não recebia a incidência das altas taxas impostas ao vinho.

Tendo os habitantes da Charente compreendido que aquele destilado de vinho, de alto teor alcoólico, podia ser bebido tal e qual, sem necessidade de adições, estava descoberta a nova bebida, desde logo requisitada e amada em todo o mundo: o Cognac, nome de uma cidade e designação de uma área vinícola da Charente.

20 | a região demarcada do Dão

Nessa importante área vinícola do centro-oeste de Portugal, que compreende os distritos de Viseu, Guarda e Coimbra, a vinha já é cultivada desde tempos remotos. Basta a informação de que as primeiras medidas documentadas de proteção das vinhas do Dão são do reinado de Dom João I, no final do século XIV.

Além disso, existem evidências de que o Infante Dom Henrique tenha sido proprietário e viticultor por ali, o que leva a crer que os caldos locais tenham viajado nas caravelas dos descobridores.

A vocação da região para a viticultura baseia-se em dois aspectos geográficos. Por um lado, as encostas ensolaradas dos rios Dão e Mondego, que formam uma mesopotâmia em seu interior. Por outro, as elevações que a circundam, a Serra da Estrela a leste e a Serra do Buçaco a oeste, formando um anel protetor que a defende dos agentes climáticos continentais e marítimos.

Os vinhos brancos do Dão, obtidos principalmente das uvas nativas Encruzado, Bical, Arinto e Verdelho, apresentam cor citrina, aromas de abacaxi e maçã verde, sabor frutado e frescor pronunciado.

Os tintos, mais apreciados, provêm de Touriga Nacional, Bastardo, Tinta Pinheira, Jaen, Tinta Roriz e Alfrocheiro Preto. Caracterizam-se por sua cor rubi, pelos aromas de fruta vermelha escura, pelo sabor aveludado e, particularmente, por envelhecerem com dignidade.

Entre nós, estão representadas diversas vinícolas recomendáveis do Dão, com vinhos de atrativa relação qualidade-preço, tais como os brancos da Casa de Mouraz, da Quinta de Cabriz e das Caves de São João, e os tintos da Quinta da Ponte Pedrinha, da Quinta de Cabriz, da Quinta de Saes e da Quinta da Pellada, com todo respeito...

21 | pouilly-fuissé e pouilly-fumé

Eis aí dois vinhos brancos franceses, com denominação de origem controlada, de renome mundial e muito apreciados no Brasil. Eles têm em comum o nome próprio Pouilly, sendo ambos vinhos brancos secos, de coloração amarelo-palha com nuances esverdeadas e aromas florais e frutados com uma nota mineral às vezes pronunciada. A temperatura de serviço indicada para os dois é na faixa dos 8 aos 10°C. As semelhanças, porém, acabam por aí.

Pouilly-Fuissé é vinho da Borgonha, da região de Mâcon, sendo Pouilly o nome de uma cidade e Fuissé o nome de uma aldeia próxima. Assim sendo, esse é um vinho feito exclusivamente com a cepa Chardonnay em solo argilo-calcário de predominância calcária. Quando devidamente guardado, pode ser servido com até cinco anos de garrafa, quando seus aromas de frutas secas – amêndoa tostada, avelãs e nozes – estarão no auge.

Já o Pouilly-Fumé é vinho do Vale do Loire, próximo a Sancerre, no centro da França. O nome da cidade que centraliza a produção é Pouilly-sur-Loire, sendo Fumé um apelido que ele recebe por seu sabor discretamente defumado, tão discretamente que não chegamos a percebê-lo quando o vinho é ainda jovem.

Feito exclusivamente com a uva Sauvignon Blanc em solo calcário-argiloso, apresenta maior grau de acidez do que o outro, aroma de melão, *grapefruit*, *pipi de chat* e mineral. Com três a quatro anos de guarda adequada, acentua-se o seu gosto defumado característico. Vale a pena uma degustação comparativa.

22 | inimigos da degustação

O enólogo espanhol Miguel Torres, autor do livro "Vinhos e Vinhas", fez uma interessante relação de sete elementos que, em geral, influenciam de modo negativo a apreciação dos vinhos. Vamos mostrá-la aqui, com adaptações, por seu evidente interesse para os enófilos, iniciantes ou iniciados. São inimigos da degustação:

• O fumo, que afeta o olfato e o paladar, impedindo a descrição e avaliação adequadas de bebidas e comidas.

• Os aperitivos de alto teor alcoólico, que reduzem a sensibilidade das papilas linguais e do interior da boca às sutilezas do vinho, particularmente dos brancos.

• O vinagre, que se mistura desarmonicamente com o vinho bom, alterando-o para pior.

• Os doces à base de chocolate, que pedem água ou que apenas toleram um Porto ou um Banyuls como companhia, sem entretanto, realçá-los.

• As taças metálicas ou de vidro colorido, que não propiciam uma apreciação adequada do aspecto, impedindo mesmo a verificação da limpidez e da transparência.

• Os perfumes acentuados, como os franceses em geral, que impregnam o ambiente com eflúvios odoríferos agradáveis, mas que impossibilitam a observação e o reconhecimento dos aromas viníferos.

• Um ambiente excessivamente quente, acima de 24°C, que não incentiva uma degustação de vinho, pedindo mais uma cerveja bem gelada ou água.

23 | confrarias do vinho em Bordeaux e na Borgonha

Nos países europeus de acentuada tradição vinícola, a maneira mais tradicional e também a mais agradável e alegre de propagar a produção vinícola regional é através das reuniões periódicas das confrarias, que procuram exaltar a qualidade dos vinhos e sua harmonização com a gastronomia do lugar.

Tais grupos de enófilos, enólogos, *gourmets* e curiosos surgiram como reflexo natural do valor do vinho como agregador social.

Ao promover atividades no campo enológico, certames e degustações especiais, recepções de honra a visitantes de outros lugares e outras, as confrarias acabam por cumprir uma missão de aproximação entre pessoas de diferentes países, a partir da capacidade daquela bebida de propiciar ambientes amistosos, alegres, descontraídos.

Em Bordeaux encontram-se duas delas, na Bourgogne outras duas, que vamos citar por sua importância e tradição, ainda que não sejam as únicas.

A confraria conhecida com "Jurade de Saint-Emilion" tem seus encontros na residência histórica do Girondino Gaudet, na linda cidade histórica de Saint-Emilion, no Libournais.

Já na própria cidade de Bordeaux – Rue de Saint-Génes – encontram-se os "Compagnons du Bordeaux".

A mais conhecida confraria do mundo encontra-se na Bourgogne e é denominada "Confrérie des Chevaliers du Tastevin", com sede e atividades anuais no castelo de CIos Vougeot, denominação Nuits Saint-Georges.

Citemos finalmente, na cidade de Mâcon, a grande "Confrérie des Vignerons de Saint-Vincent", cuja festa anual atrai centenas de enófilos para o Maconnais, no sul da Bourgogne.

Ganhei de um confrade da ABS um CD com músicas das confrarias da Bourgogne, um tanto ou quanto atrevidas.

Uma delícia!

24 | da Itália, os vinhos do Lácio

Como todos sabem, o Lácio – *Lazio* em italiano – é a província onde se encontra a capital da Itália, a Cidade Eterna.

O que nem todos sabem é que, apesar do clima mediterrâneo da região, seus vinhos de reputação internacional são brancos, dentre os quais pelo menos quatro são de se destacar.

Ao sul de Roma, em cerca de 30 municípios de relevo escarpado onde predominam as uvas Trebbiano e Malvasia, acha-se a região turística conhecida como Castelli Romani, incluindo-se aí Castelgandolfo, residência de verão do Papa.

Em suas cercanias se descortinam as colinas verdes contornando o Lago Albano, onde são vinificados os brancos Colli Albani, com não mais que onze graus de álcool, porém vivos e frutados.

Outro vinho, denominado Castelli Romani, e que leva o nome da sua denominação de origem, é o Marino, com seu sabor característico de amêndoa, mais alcoólico que o anterior. Encorpado *ma non tropo*...

Em termos de fama, o primeiro lugar vai para o Frascati, o mais popular de Roma e bem conhecido e consumido no Brasil. Seco, ácido e frutado, é vinho sem grandes pretensões, mas muito agradável quando jovem e refrescado. Entre nós deve ser bebido antes que atinja os tons dourados que adquire ao envelhecer.

Registremos, finalmente, por seu nome curioso e pela lenda que o cerca, o vinho de Montefiascone, denominado Est! Est! Est! Como os demais Castelli Romani, ele é elaborado a partir da Trebbiano e da Malvasia, não alcançando, entretanto, a estrutura e o frescor dos demais.

Deve ser bebido o mais jovem possível, de preferência lá no Lácio mesmo, pois não é bem *guardável* nem bem *viajável*, se a mim também são permitidos neologismos desse tipo.

25 | três vinhos gregos

A Grécia não é famosa internacionalmente por seus vinhos. Apesar de produtora milenar dos fermentados de uva e de ter sido uma das culturas da Antigüidade responsáveis pela propagação da videira, ela sempre produziu vinhos para consumo local, com seus nomes estranhos para os forasteiros e seus aromas e sabores inusitados para quem se afeiçoou ao gosto dos caldos italianos e franceses.

Uma das razões, certamente, é que o país não dispunha até recentemente de legislação sobre vinhos, deixando a proteção da produção vinícola nas mãos dos negociantes. São grandes produtores e consumidores, porém, há séculos, como se pode ver, no cinema, nos clássicos *Zorba, o Grego*, com um Antony Quinn memorável, e *Nunca aos Domingos*, com uma Melina Mercouri não menos.

De qualquer forma, pelo menos três dos vinhos gregos atravessam a fronteira e têm alguma presença na Europa. O primeiro é o Mavrodaphne – ou seja, laurel negro –, antepassado dos vinhos generosos do tipo Porto. É bebida de sobremesa de alto teor alcoólico, com açúcar residual obtido por interrupção de fermentação pela adição de aguardente ao mosto.

Outro vinho grego de certa fama é o tinto de Naoussa, na Macedônia, elaborado a partir da uva nativa Xynomavro – isto é, negra ácida –, amadurecido por um ano em madeira, quando se faz aveludado e suave.

Finalmente, a adição ao mosto de resina do pinheiro Aleppo confere ao Retsina um amargor que se acentua com o tempo e que o torna bebida somente de iniciados. Em Atenas serve-se um Retsina mais ao gosto dos turistas, em que a nuance amarga é amortecida, mas não espere grande coisa.

É levar uma garrafa para a Acrópole e prová-lo lá em cima, após a visita ao Partenon, como um filósofo em frente às ruínas contemplando a cidade lá em baixo.

26 | a família Miolo

Nós temos também o nosso vale de vinhedos e vinhos e ele se encontra, é claro, no Rio Grande do Sul. Se você está viajando de automóvel na estrada que vai de Caxias para Bento Gonçalves, cinco quilômetros antes de atingir a entrada para Bento vai encontrar uma série de placas indicando o desvio para o Vale dos Vinhedos.

A oito quilômetros da entrada encontra-se a propriedade da Família Miolo, onde diversas variedades de uvas viníferas estão plantadas e aclimatadas, tais como as brancas Sauvignon e Chardonnay, as tintas Cabernet Sauvignon, Merlot e Gamay.

A história da propriedade começa há pouco mais de um século, quando o imigrante Giuseppe Miolo ali se instalou, no Lote de número 43, que coube à sua família, e plantou algumas cepas para produzir seu próprio vinho.

Seus filhos e netos prosseguiram e ampliaram a atividade de forma que atualmente a família produz industrialmente vinhos bem cuidados e, alguns deles, como o Reserva Miolo Merlot e o Lote 43, entre os melhores tintos brasileiros.

Alexandre Miolo, bisneto de Giuseppe, deu-se ao trabalho de mostrar-me em detalhes, em janeiro de 1998, a cantina e as videiras, proporcionando-me a degustação de uma meia dúzia de brancos e tintos em geral corretos.

Mostrou-me também a Osteria Mamma Miolo, que se localiza no porão de uma casa também centenária, com paredes de pedra e temperatura agradável, mesmo em pleno verão.[9]

Forza, Alexandre.

9- Escrito em 1988, este artigo perdeu atualidade e foi mantido apenas como testemunha. O tema é revisitado nos artigos de números 74 e 88.

27 | o Armagnac e a terra dos mosqueteiros

Outra obra-prima da enologia francesa encontrada na costa oeste da França, não muito longe da região do Cognac, é o destilado de vinho conhecido como Armagnac, bebida merecedora de um culto apaixonado especialmente dos gastrônomos.

As terras da região da Gasconha – o país de D' Artagnan, o quarto dos Mosqueteiros de Dumas – produzem cepas tradicionais, praticamente as mesmas de Cognac, entre elas a Colombard, a Jurançon, a Saint Emilion e a Folle Blanche.

Delas são elaborados os chamados "vinhos básicos". Diferentemente do Cognac, entretanto, em que são feitas pelo menos duas destilações utilizando o chamado "repasso", no Armagnac utiliza-se um alambique de destilação contínua, onde os vapores alcoólicos se movimentam em torno de dois ou três alambiques em série.

Como se vê, a diferença não pode ser tão grande, e só apreciadores contumazes distinguem com facilidade os dois destilados. A classificação dos tipos de Armagnac leva em consideração o tempo de amadurecimento em madeira quando a bebida absorve aromas e gosto marcado.

- Com cinco anos em barrica, é um Armagnac Três Estrelas.
- Entre dez e vinte anos, um Very Special Old Pale ou VSOP.
- Com vinte anos ou mais, um Armagnac Extra.

Destilado em alambique aquecido por fogo de lenha de carvalho, o Armagnac clássico é bebida legendária, envelhecida em casos excepcionais por mais de 30 anos na adega da destilaria, antes do engarrafamento.

28 | Reguengos, Vidigueira e outros nomes

Por se situar do outro lado do rio Tejo, em relação a Lisboa, uma grande porção do sul de Portugal foi denominada há séculos como Alentejo, hoje um distrito da nação lusa com sede em Évora.[10]

A região, com suas florestas de Sobreiro, tem sido grande fornecedora de cortiça para a fabricação de rolhas. Mas ela se destaca também por sua aptidão vitivinícola, de marcada tipicidade, não poluída pela atual tendência de estandardização do vinho com concentração em Cabernets e Chardonnays.

Os próprios nomes das regiões demarcadas do Alentejo trazem consigo deliciosa tipicidade:

- Amarelejo – quer dizer, que se faz notar por sua cor amarela.
- Reguengos – ou seja, relativos ao rei.
- Vidigueira – isto é, abundante em videiras.

Além de Portalegre, Borba, Redondo e Moura.

Acrescente-se a isso o nome curioso das uvas nativas ali utilizadas: Alfocheiro, Periquita, Trincadeira, Aragonês e assim por diante... Para os brancos acídulos de Reguengos, as castas brancas Roupeiro, Rabo de Ovelha e Manteúdo, assentadas em solos graníticos em clima continental.

Para os tintos frutados de Vidigueira, as castas Moreto, Periquita e Trincadeira em solo vulcânico protegido dos ventos do norte pela Serra do Portel.

Associado à sensualidade da cozinha alentejana, com suas açordas, seus borregos e sarapateis, seus queijos e enchidos, o Vinho do Alentejo é uma festa para quem admira uma completa refeição com tipicidade regional.

10 – O reconhecimento do Alentejo como produtor de vinhos de qualidade é recente, mas sua vitivinicultura é secular. A ordem de Dom Afonso II para o cultivo de vinhas em Évora consta de carta real de 1221.

29 | Francônia

Não muito longe de Frankfurt, o Rio Main serpenteia em terrenos calcários formando um grande "W" bêbado, tendo no centro a cidade barroca de Würzburg.

Ali está a Francônia dos melhores vinhos brancos secos da Alemanha. Seu vinhedo mais conhecido tem o nome de Stein – pedra – e por isso mesmo não se espante se lhe oferecerem um "vinho de pedra" servido naquela garrafa bojuda típica, conhecida entre os alemães como Bocksbeutel, quer dizer, sem cerimônia e sutileza alguma, "o saco de bode".

Os vinhos da Francônia formam, na verdade, uma matéria algo especializada, na medida em que são originados em região de clima continental, com colheitas pequenas, e que são consumidos em quase sua totalidade pela população abastada da Baviera, em especial em Munique.

Os melhores têm sido tradicionalmente elaborados a partir da casta Silvaner, ainda que a Riesling – em menor quantidade – e a híbrida Müller-Thurgau, desenvolvida originalmente no Rheingau, sejam a mais comumentes utilizadas.

Outras uvas bastante populares são a Kerner – assim chamada em homenagem ao poeta Justinus Kerner – e a Bacchus. O nome de uma delas sempre estará indicado no rótulo.

Nada melhor do que um bom "Frankenwein" bem frio da Bocksbeutel para acabar com a fama desconfortável que as garrafas azuis trouxeram para os vinhos alemães no Brasil.

30 | flor e solera - segredos da vinificação do jerez

A vindima na região sul da Espanha, em torno de jerez de La Frontera, de clima tórrido e seco, tem início na primeira quinzena de setembro de cada ano.

As uvas características da região, da casta branca Palomino, são colhidas manualmente nessa época do ano com todo cuidado pelos "colhedores", que caminham com suas cestas pelas Albarizas, terrenos de cor esbranquiçada devido ao predomínio de calcário. Após rápida operação de prensagem, os mostos são distribuídos nos tonéis de fermentação, hoje de aço inox, de acordo com o vinhedo de origem.

Da forma usual, os mostos convertem-se em vinho por ação das leveduras. Transportado o mosto-vinho para as barricas de carvalho, começa o jerez – Xerés – Sherry, como a denominação aparece no rótulo, a adquirir sua personalidade, pois que certos fermentos dão origem ao desenvolvimento de uma película amarelada – a Flor – na superfície superior do vinho durante seu amadurecimento.

De acordo com o tipo de jerez que se deseja obter – Fino, Amontillado, Oloroso – escolhe-se o momento de interrupção do processo por adição de aguardente vínica. A utilização do vinho nas barricas situadas próximo ao solo – as soleras – é compensada com a extração de líquido dos vinhos de cima, mais jovens. Esse processo, conhecido como Solera, torna o jerez um vinho sempre igual todos os anos, em cada vinícola, independentemente de safra.

Associados à casta Palomino cultivada nas Albarizas, o fenômeno da Flor e o sistema de Solera conferem ao jerez – Xerés – Sherry essa qualidade especial de secura e aroma de nozes e avelãs que o toma um dos aperitivos mais apreciados entre os enófilos e *gourmets* para, digamos assim, "iniciar os trabalhos".[11]

11 – O aroma de nozes e avelãs faz parte do buquê de oxidação de vinhos secos envelhecidos longamente em madeira. Típico, portanto, do Jerez Fino, da Andaluzia, no sul da Espanha, da casta Palomino, e do Vin Jaune, do Jura, no leste da França, da casta Savagnin.

31 | solos aptos para o cultivo da videira

Como sabem muito bem os aficionados, desde que os vinhedos tiveram que ser defendidos contra a Filoxera, a plantação da uva vinífera se faz não diretamente no terreno, mas através de recurso a porta-enxertos.

Devido à multiplicidade e rusticidade dos mesmos, dir-se-ia que as videiras podem ser cultivadas em qualquer terreno, havendo para cada caso um porta-enxerto adequado. Não é bem o caso.

As videiras têm dificuldade de acomodação em solos impermeáveis, insuficientemente drenados e que retêm, por isso mesmo, umidade em excesso. Também a fertilidade do solo não deve ser elevada.

Terras férteis dão lugar a uma grande produção de cachos, com bagos grandes prenhes de água, mas os vinhos que se obtêm são de baixa graduação alcoólica, pobres de polifenóis e pouco longevos.

Portanto, no que diz respeito à qualidade dos solos requeridos, os melhores são os permeáveis, de subsolo profundo e fertilidade baixa ao mesmo tempo, que reagem quimicamente de forma equilibrada, sem alcalinidade ou acidez excessivas. Vamos distinguir quatro tipos de terrenos de vinhedos:

- Solos planos, férteis e profundos – grande produção de frutos, baixo teor alcoólico, difícil conservação;
- Solos ligeiramente inclinados de terras fortes, dependendo da predominância de areia ou argila: vinhos de qualidade, com teor alcoólico de médio para baixo;
- Solos inclinados contendo sílica, calcário, argila e areia grossa, subsolo profundo: vinhos de boa qualidade, teor alcoólico de médio para cima;
- Solos fortemente inclinados, com seixos, argila e calcário, profundos e pobres: colheita menos abundante, vinhos de grande qualidade, alto teor alcoólico.

32 | Caxias do Sul, uma estação do vinho

Ganhei de presente um pequeno livro editado pela Universidade de Caxias do Sul. Intitulado *A estação do vinho* – vide bibliografia no fim deste – conta a história da antiga e extinta Estação Experimental de Viticultura e Enologia – EEVE, de Caxias do Sul, atual Centro de Pesquisa em Agroindústria.

Curioso, com as suas informações a respeito da evolução da vitivinicultura riograndense, o livro mostra como a Estação foi importante para o progresso da enologia na Serra Gaúcha. E, no entanto, poucos ouviram sequer falar dela até agora.

Desde o início, e principalmente a partir dos anos 70, as equipes da Estação dedicaram tempo e esforços para obter os tipos adequados de castas para a região, no sentido de convencer os vitivinicultores gaúchos a deixar de lado a uva Isabel, substituindo-a por variedades viníferas européias.

O primeiro vinhedo experimental foi localizado no distrito de Fazenda Sousa, município de Caxias do Sul. Tinha por objetivos claros demonstrar que no Brasil pode-se produzir vinhos de qualidade, sem ser necessariamente grandes, e se desenvolver o hábito do consumo de vinhos de qualidade superior àqueles provenientes da Isabel e de outras variedades não-viníferas, conhecidos como vinhos de garrafão.

Ficamos conhecendo, portanto, uma das entidades que, de maneira anônima e enfrentando dificuldades, ajudou o Brasil a elaborar vinhos finos, atividade que agora se expande com sucesso, para alegria, satisfação e novo orgulho dos brasileiros.

33 | vinificações especiais na França

As condições peculiares de clima e solo e as características das variedades locais de uvas levam certas regiões da França a adotar métodos incomuns e curiosos de vinificação que conduzem, às vezes, à obtenção de vinhos de alta qualidade e fora de série. Comecemos com os vinhos da região de Nantes, no extremo leste do Vale do Loire, que adotam a tradição da vinificação *sur lie*, isto é, sobre as borras. O mosto da uva Muscadet, depois de fermentado, não é separado do sedimento que se acumula no fundo da cuba, principalmente leveduras mortas, que conferem uma certa agulha ao vinho.

O método propicia a elaboração de brancos que, ainda que frescos e perolados, apreciam uma guarda de até quatro anos, amadurecendo com o tempo seus aromas frutados. Entre eles, podemos citar os Muscadet de Sèvre et Maine sur Lie do Château de Gillières, do Domaine Saupin, de Louis Métaireau, de Donatien Bahuaud e do Domaine de la Févrie.

Outra curiosidade é o chamado *vin de paille* – ao pé da letra, vinho de palha – da província do Jura e também de Hermitage, no Rhône. As uvas colhidas tardiamente são passificadas ao ar livre sobre esteiras de palha, daí seu nome. Esmagadas no mês de março, constituem um mosto rico em açúcar, que permite a elaboração, por sua vez, de um vinho de sobremesa licoroso, alcoólico, aromático e longevo.

E vamos encerrar com o *vin jaune* – vinho amarelo – também do Jura, vinificado em branco a partir da casta Savagnin. De forma semelhante ao que acontece ao Jerez – formação da Flor sobre a superfície do vinho estacionado em barricas – forma-se uma capa de leveduras que protege o vinho do ar e obriga a uma oxidação muito lenta. Exemplo maior dos *vins jaunes*, o Château-Chalon pode ser guardado, segundo se diz, por cem anos, sem perder seu característico pronunciado buquê de nozes e amêndoas, mesmo atingindo, na cor, o amarelo âmbar. Os franceses dizem que ele tem *goût de jaune*, quer dizer, gosto de amarelo, se a expressão fosse traduzível.

34 | uvas brancas da Alemanha

A Alemanha é verdadeiramente um país de uvas brancas. As variedades tintas – Trollinger, Portugieser, Spätburgunder – não ocupam mais do que 12% da área plantada nas 13 regiões demarcadas.

A mais nobre e mais famosa das castas cultivadas na Alemanha é a Riesling, com bagos pequenos amarelo-esverdeados, com pequeninas pintas pretas. Da Riesling provêm os vinhos brancos germânicos de melhor qualidade, fragrantes, frescos, frutados, aromas de pêssego, mineral e mel.

Outra casta das terras alemãs, que poderíamos chamar de primária, é a Silvaner, uva de tamanho médio, mais puxada para o verde, com bagos esféricos e extremamente suculentos, que amadurece um pouco mais cedo do que a Riesling. Apresenta a característica de refletir de forma distinta, no sabor, o solo em que é cultivada, dando vinhos de um frutado sutil e de acentuada acidez.

E por que chamamos de primárias a Riesling e a Silvaner? Porque as demais uvas importantes da Alemanha são híbridas. A Muller-Thurgau, por exemplo, a mais cultivada das castas alemães, é resultante do cruzamento das uvas acima, a partir de experiências desenvolvidas pelo pesquisador Herman Müller, do cantão suíço de Thurgau. Essas uvas amadurecem mais cedo, já em setembro, propiciando vinhos florais e frescos.

Citemos, finalmente, outras híbridas, como a Scheurebe, com seu aroma a especiarias, e a Kermer, cruzamento da Riesling com a tinta Trollinger e que lembra o perfume da Moscatel.

35 | histórias em torno do vinho da Madeira

Pouco tempo depois da descoberta da Ilha da Madeira pelos portugueses, em 1418, o infante Dom Henrique já enviava navios à Grécia e ao Chipre para trazer mudas de Malvasia para a ilha, no sentido de consolidar a conquista, produzindo uvas e vinhos doces entre os outros poucos produtos da ilha, como o açúcar.

Mas é somente em meados do século XVII que o vinho da Madeira alcança prestígio internacional. Por essa época, tornou-se proibida a exportação de produtos cultivados da Europa, a menos que o transporte se desse em navios ingleses, exceção feita ao Madeira, que se tornou o único a ser oferecido livremente em certas partes do mundo durante algum tempo.

Graças à sutileza de seus aromas, o Madeira veio a ser utilizado nos lenços das damas da corte da Rússia como perfume. Condenado à pena capital, o Duque de Clarence, irmão do Rei Eduardo IV da Inglaterra, escolheu para a sua morte o afogamento em um tonel de Malmsey, vinho Madeira doce da casta Malvasia.

Isso aconteceu historicamente na Torre de Londres, fato posteriormente dramatizado por Shakespeare. Talvez tenha sido uma morte doce, pois, como se sabe, o Malmsey é vinho de sobremesa, doce e denso, como se fosse um mel mais fluido, de alto teor alcoólico, entre 18 e 20 graus.

O vinho da Madeira requer longo tempo para atingir o apogeu de qualidade. Constatou-se ao longo do tempo que os vinhos da Madeira que não eram vendidos durante a viagem voltavam à origem melhores do que na saída, podendo ser colocados à venda com melhor preço, rotulados como "Vinhos Torna Viagem".

A longa viagem, embalada pelo movimento das ondas e aquecida pelo calor tropical, propiciava ao vinho suave envelhecimento precoce. A técnica atual de vinificação do Madeira – a estufagem – é influenciada por essa constatação.

36 | as características do Beaujolais Nouveau

Aprendemos que a personalidade de um vinho, isto é, o que dá especial distinção a um deles em relação aos demais, provém de quatro aspectos, sendo três deles ligados à natureza – tipo da uva, natureza do solo e clima – e um devido à ação do homem: a tecnologia de vinificação.

Vejamos como isso funciona no caso do Beaujolais Nouveau. Na França é comum designar-se uma área em torno de certas cidades acrescentando-se ao nome da mesma o sufixo *ais*.

Em torno de Mâcon é o Maconnais, em torno de Lyon é o Lyonnais, próximo de Nantes tem-se o Nantais. A região em torno de Beaujeu, no sul da Borgonha, é chamada de Beaujolais.

Nessa região impera a uva Gamay, escura, mas pouco estruturada se comparada com a Pinot Noir, sua vizinha ao norte. Ela é cultivada em amáveis colinas de solo argilo-calcário, em clima frio no inverno, ameno na primavera, quente e seco no verão, favoráveis ao frutado do vinho na juventude.

A tecnologia usada é a da maceração semicarbônica, em que não há prensagem. As uvas Gamay, encubadas inteiras, sofrem inicialmente uma discreta fermentação intracelular e se partem sob pressão do gás carbônico dentro de recipiente, com formação de acetato de isoamila, seguindo-se a fermentação alcoólica.

Resulta esse vinho leve, frutado, de pouco corpo, com teor alcoólico relativamente baixo, como se fosse um vinho rosé escuro. Daí poder ser bebido refrescado ou mesmo gelado. Isso não significa, entretanto, que tenha que ser bebido dessa forma. Eu, por exemplo, o prefiro a 16 ou 17 graus quando seu indefectível aroma de banana amassada, devido ao acetato de isoamila, é mais nítido.

37 | às vezes o vinho e a comida casam bem...

Nem sempre, entretanto. É opinião quase consensual – eu disse quase! – que certos alimentos não vão bem com vinho e, entre eles, estão a alcachofra crua, o limão, as saladas temperadas com vinagre, picles, alguns sorvetes e todos os chocolates.

Mas quando é que vão bem? Apesar de não haver consenso universal no que diz respeito ao ajuste entre vinhos e comidas, algumas observações básicas podem ser consideradas, sem o perigo de se pecar pelo esnobismo. Basta lembrarmos que os pratos e os vinhos se distinguem, cada um, por cinco características principais e duas acessórias, a saber:

- Nos pratos: suculência, teor de gordura, sabor, doçura e amargor, além da condimentação e da untuosidade.
- Nos vinhos: doçura, acidez, maciez, adstringência e teor alcoólico, além da efervescência e da intensidade aromática.

Trata-se de contrapor a cada característica do prato uma característica do vinho que lhe seja antagônica: se a carne suína é suculenta e gordurosa, com tendência moderada ao doce, que seja acompanhado por um tinto perfumado, que se distinga mais pelos taninos e pelo álcool do que pela maciez.

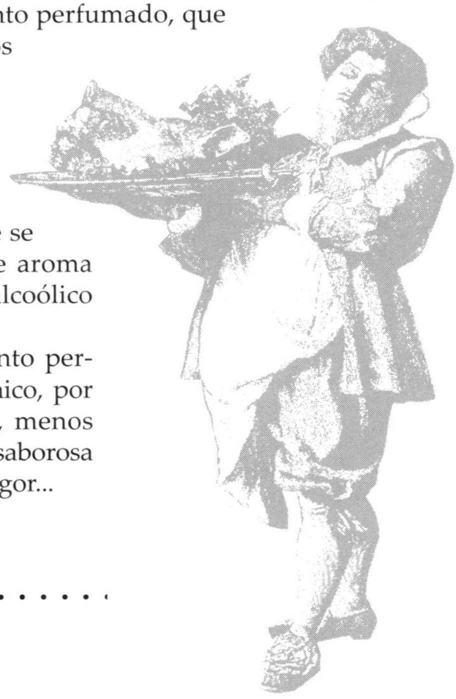

Se a carne de cordeiro tem menos gordura, muito menos suculência e maior tendência ao doce, que se lhe contraponha um tinto de aroma intenso, menos ácido e mais alcoólico que o anterior. E vice-versa.

Se dispusermos de um tinto perfumado, alcoólico e ainda tânico, por que não uma carne de caça, menos gordurosa, porém suculenta, saborosa e com tendência a certo amargor...

38 | o que o sentido do tato nos responde

Na degustação do vinho, nós utilizamos quatro dos cinco sentidos, a saber: a visão, o olfato, o paladar e o tato. As sensações táteis são provenientes dos estímulos que impressionam as papilas táteis distribuídas nas bochechas, nos lábios, na língua e nas gengivas.

Vamos nos lembrar das sensações táteis percebidas ao se degustar um vinho: o calor, o frescor, a agulha, a temperatura e a adstringência.

A sensação de calor é provocada pela presença do álcool e a de frescor, pela presença dos ácidos. Nos tintos em geral, prevalece o álcool sobre os ácidos, e a sensação é de calor. Nos brancos, prevalece a acidez, e a sensação é de frescor.

A sensação "agulha" ou pungência advém da presença do gás carbônico. Nos tintos, ela mal deve ser notada, pois o gás carbônico acentua a sensação de adstringência. Nos espumantes, ela é fundamental.

Como o gás carbônico é mais bem tolerado a temperaturas baixas, os espumantes são bebidos por volta dos 6°C a 9°C, não mais.

A temperatura do vinho, no momento do serviço, influencia nossa percepção. O adocicado aumenta com a temperatura, o amargor diminui. Por isso, tintos a temperaturas mais altas, brancos a temperaturas mais baixas.

A sensação de adstringência ("cica") percebida nas bochechas e na língua é proveniente da presença dos taninos, que causam a perda do poder lubrificante da saliva. É característica somente dos tintos, portanto, e torna-se menos acentuada à medida que o vinho envelhece.

Daí, em parte, a expressão nem sempre correta, mas sempre repetida: "Vinho, quanto mais velho, melhor".

39 | os vinhos do lago de Constança

Na fronteira entre a Suíça e a Alemanha, portanto no extremo sul desse segundo país, encontra-se o Lago de Constança, conhecido pelos alemães como Bodensee.

Termina ao seu redor a região vinícola de Baden, para quem viaja de Heidelberg para o sul, seguindo o rio Reno.

Se você segue adiante no roteiro do vinho de Baden, avistará quase na margem do lago as ruínas do antigo refúgio fortificado de Hohentwiel, cuja destruição foi ordenada por Napoleão.

Há que se dedicar então à degustação dos brancos regionais, notáveis pelo vigor de seus aromas.

E é certamente na pequena comunidade de Hagnau, com suas casas góticas e barrocas, na margem do lago oposta à cidade de Constança, que se encontram os vinhos brancos mais refinados.

A elegância desses vinhos, provenientes da casta Müller-Thurgau (ah, esses nomes alemães...), é ainda mais pronunciada naquela posição pelo reflexo do sol nas águas do lago.

Isso propicia uma dupla exposição solar aos vinhedos e o adequado amadurecimento dessa casta híbrida, que tem na Riesling, rainha das uvas brancas alemães, uma antepassada da mais alta linhagem.

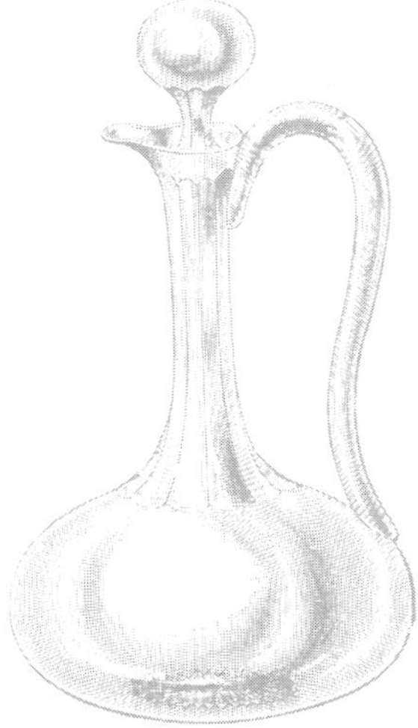

40 | Priorato, pequena região lendária

Das sete regiões produtoras do vinho da Catalunha, na Espanha mediterrânea, três são vizinhas e litorâneas, a saber: Penedés, Tarragona e Priorato.

Nas duas primeiras predominam os brancos, frutados e frescos, provenientes das castas Macabeo e Parellada – no Penedés – e da Garnacha Branca e da Viura, em Tarragona.

No Priorato, uma das menores regiões vinícolas da Espanha, a predominância é dos tintos alcoólicos – de 13 a 15 graus – de um vermelho intenso e brilhante que lhes confere a uva Garnacha, vinho para acompanhar caças e carnes assadas.

Por trás do nome Priorato esconde-se a lenda e a história. Conta-se que, no século XII, alguns monges da Ordem Religiosa da Cartuxa estavam por ali à procura de lugar adequado para construir seu convento, quando souberam, informados por um pastor, da existência de um local em que os anjos subiam por uma escada até os céus.[12]

Entenderam tratar-se de mensagem celestial e ali edificaram um convento com o nome de Scala Dei – a escada de Deus. Em torno dele desenvolveu-se uma cidade com o mesmo nome.

Os Priores desse convento tornaram-se tão poderosos a partir de privilégios e doações que lhes dispensaram os reis de Aragão e da venda de seus vinhos que a região em torno passou a ser chamada Priorato.

Em 1835, o Scala Dei foi saqueado e incendiado. Por essa época, entretanto, a fama dos vinhos tintos do Priorato já tinha atravessado fronteiras, fama essa que, por merecida, se estendeu até os dias de hoje.

Entre os vinhos do Priorato encontrados entre nós estão os tintos da Vinícola Cellers de la Cartoixa – adegas da Cartuxa – do vilarejo La Vilella, não muito distante da cidade de Scala Dei.

12 – Cartuxa (em francês, *Chartreuse*) é o nome da rígida ordem religiosa fundada por São Bruno no Século XI, ainda presente na Europa em 25 conventos. Um deles, em Portugal, dá nome a um vinho do Alentejo. O da França originou o licor de fórmula secreta, chamado Chartreuse.

41 | Sassicaia e Tignanello, dissidência na Toscana

Em termos vinícolas, a Toscana é sempre lembrada pelos seus Chianti, vinhos tintos de uma área demarcada entre Florença e Siena e onde a chamada Liga do Chianti, de caráter militar, se estabeleceu ainda no século XIII.

Eles se tornaram quase que um sinônimo de vinho italiano desde que, há cento e poucos anos, o Barão Bettino Ricasoli definiu as regras para sua vinificação a partir de duas uvas tintas – Sangiovese e Canaiolo – e duas brancas – Trebbiano e Malvasia.

A partir de 1984, os Chianti passaram a merecer a Denominação de Origem Controlada e Garantida (DOCG). Curiosamente, esse foi um marco decisivo na consolidação de dissidências que vinham surgindo entre os vinicultores locais, alguns deles propensos a não mais obedecerem às regras tradicionais.

A primeira ousadia veio do Marquês Antinori em suas experiências levadas a efeito na Vila Tignanello, uma de suas propriedades na Toscana. Deixando de lado a Trebbiano, acrescentou – sacrilégio! – a Cabernet Sauvignon francesa na base de 10% para complementar a Sangiovese, amadurecendo o vinho em barricas de carvalho. Colocou então, no mercado, o Tignanello, que é hoje considerado um dos grandes vinhos italianos.

A outra heresia foi muito mais longe. A família Incisa della Rochetta tentou cultivar, junto à costa Toscana, perto de Livorno, somente a Cabernet Sauvignon. Como os vinhedos não foram muito bem nas colinas, devido à presença de sal, passaram a aclimatá-los na planície próxima ao vilarejo de Sassicaia.

Conseguiram então elaborar um tinto excepcional depois de amadurecido por dois anos em barricas e mantido cinco anos na garrafa, descrito como "um Toscano (clima e solo) com a raça de um Bordeaux (Cabernet Sauvignon) e a estrutura de um Californiano (madeira)". E assim, os supertoscanos Tignanello e Sassicaia, por não seguirem a regra secular, são apenas *vini da tavola*, o que não desce bem para quem bebe rótulos...

42 | o castelo de Johanisberg e as colheitas tardias

O primeiro mosteiro do Rheingau, na Renânia, foi edificado por monges beneditinos no princípio do segundo milênio no cimo de uma colina, *berg* em alemão. Eles o dedicaram a São João Evangelista, daí o nome de Johanisberg.

Atribui-se aos monges de Johanisberg a descoberta acidental da colheita tardia que deu origem aos vinhos brancos de qualidade com distinção Spätlese (colheita tardia) e Beerenauslese (colheita com escolha bago a bago). Naquela época, anterior à unificação alemã, a colheita dependia da permissão do príncipe local.

Conta-se que, em 1775, um mensageiro de Johanisberg, vindo da corte de Fulda, foi preso por ladrões e mantido prisioneiro por vários dias. Sem a permissão para a colheita, as uvas permaneceram nos vinhedos, onde amadureceram demais, chegando quase a apodrecer.

Aproveitadas, tais uvas deram origem a vinhos doces de primeira qualidade e a colheita tardia passou a ser usual, como é até hoje a da Riesling e outras, em diversas regiões vinícolas da Alemanha e da Áustria.

Secularizado na época napoleônica e transformado em castelo – *Schloss* – ele foi dado de presente pelo imperador da Áustria ao chanceler Metternich, com a obrigação de doar um décimo da produção de vinhos à casa dos Habsburgo.

Até os dias de hoje os Metternich, proprietários do Schloss Johanisberg, cumprem com essa obrigação.

43 | os vinhos varietais da família Valduga

Quem sai de Bento Gonçalves, na Serra Gaúcha, e atravessa o asfalto da rodovia estadual, passando pelo pontilhão sobre o Arroio Pedrinho, atinge a chamada Linha Leopoldina, já em pleno Vale dos Vinhedos.

Aí, nos lotes que lhes couberam, imigrantes italianos do fim do século XIX encontraram condições para o cultivo da videira.

Entre os imigrantes que se estabeleceram na Linha Leopoldina, por volta de 1875, estavam Marco Valduga e seu filho Luigi Valduga, procedentes da aldeia de Roveretto, na vertente italiana do Tirol.

Seus descendentes se dividiram em três propriedades. A Casa Valduga, de Luiz Valduga e filhos, a Vinícola Marco Luigi, de Victor Valduga, e a Adega de Vinhos Finos Dom Cândido, nome devido a Cândido Valduga, neto dos imigrantes e avô dos proprietários atuais.

As três elaboram varietais a partir das castas européias Cabernet Sauvignon, Chardonnay e Riesling, aclimatadas em vinhas das propriedades no Vale dos Vinhedos.

A Casa Valduga dispõe de um ótimo Cabernet Sauvignon Gran Reserva, assinado pelo enólogo João Valduga, que tive a oportunidade de provar e aprovar em almoço no local com seu irmão Juarez. Da Vinícola Marco Luigi, procedem um Reserva Cabernet Sauvignon e um Chardonnay.

A Adega Dom Cândido apresenta-se com dois vinhos da Linha Reserva, Cabernet e Chardonnay, e dois da Linha Clássicos, Cabernet e Riesling. Todos eles bem acabados e a preços muito convidativos.

44 | o vinho na elaboração do vermute

O Vermute é certamente o mais antigo dos aperitivos existentes no mercado, pois foi inventado em Turim, na Itália, por volta de 1890, pelo fabricante de bebidas Giuseppe Cárpano. Ele utilizou, para dar nome à sua invenção, a palavra *Wermut*, que significa Absinto, por sua vez uma bebida alcoólica aromatizada.[13]

A base da elaboração do Vermute é um vinho branco que será fortificado pela adição de álcool e realçado por um licor aromático concentrado, no qual reside o segredo de cada fabricante.

Para a obtenção desse licor, são utilizadas diversas plantas de gosto amargo, entre elas o absinto, a canela, o cravo, a casca da laranja, o cardo, o sabugueiro, a quássia, a centáurea e a quina. Ressecados, tais vegetais permanecem de molho com uma base de vinho reforçado durante três semanas, verificando-se a seguir uma destilação que concentra o licor.

À adição do licor ao vinho básico segue-se a adição de açúcar: branco refinado para o Vermute branco; caramelizado para os Vermutes tintos. Segue-se uma clarificação por gelatina, a estabilização e duas filtrações.

O estabelecimento Carpano existe até hoje e seu Punt e Mez – um ponto e meio – é dos mais apreciados, ao lado dos Vermutes da Martini, da Gancia e da Cinzano.

Já a França produz uma bebida amarga mais leve, chamada Vermute de Chambery, exportada em sua maior parte para os EUA.

13– O Absinto é um licor extremamente alcoólico, aromatizado pela planta "Artemísia Absinthium" cuja essência amarga contém alucinógenos.

45 | Sonoma, Califórnia e o "coronel" Haraszthy

A história do Distrito de Sonoma, ao norte de San Francisco e confinado entre o Pacífico a oeste e o Napa Valley a leste, se confunde com a própria história da Califórnia.

Fincaram bandeira ali, antes dos EUA, a Espanha, o México, a Inglaterra, a Rússia e os separatistas californianos com a bandeira do urso (*The Bear Flag*).

Naturalmente, o que tornou essa região tão ambicionada foram suas colinas e prados verdejantes, a abundância de água, o clima ameno e o solo favorável à agricultura.

Na procura de um entreposto para a conquista do Alasca, os russos ali se estabeleceram na primeira metade do século XVIII, devendo-se a eles a indicação do potencial da área para a vitivinicultura.

Não é, portanto, sem razão que as áreas de maior potencial no Sonoma estejam no chamado Russian River Valley, onde hoje se localizam vinícolas da importância da Clos du Bois, Marcassin, Kistler e Silver Oak, com seus brancos da Chardonnay e seus tintos de Cabernet Sauvignon, Merlot e Zinfandel.

Marcante no estabelecimento da vinicultura em Sonoma foi o aventureiro húngaro Agoston Haraszthy, auto-intitulado Coronel. Convencido de que a Califórnia tinha condições para se tomar insuperável centro vinícola, partiu para a Europa em missão oficial, em 1861, trazendo de lá diversas espécies viníferas.

Estabelecido em Sonoma, ele construiu uma vinícola – à qual deu o nome de Buena Vista – de onde incentivava os vizinhos a desenvolverem métodos europeus de cultivo e de vinificação.

O "Coronel" Haraszthy acabou por merecer o título póstumo de Pai dos Vinhos da Califórnia. Sua Buena Vista Winery, restaurada após a destruição no terremoto de 1906, pode ser visitada atualmente na Old Winery Road, em Sonoma, inclusive para degustações dos vinhos da casa.

46 | influência do solo nos vinhedos franceses

Aprendemos no curso básico da ABS que são quatro os fatores que influenciam na qualidade dos vinhos e lhes emprestam seu caráter: a variedade de uvas utilizada, o tipo de solo, o clima local e o esforço humano, aí incluída a tecnologia.

Os solos devem apresentar baixa fertilidade, se o que se deseja é a elaboração de vinhos de qualidade.

Devem também ser soltos, de saibro, argilo-calcários, ou oriundos de rochas degradadas como os arenitos e os xistos, em todos os casos com boa drenagem, pois as raízes da *vitis vinifera* penetram o subsolo verticalmente por vários metros à procura de água e nutrientes.

Na França, tais terrenos são encontrados por toda parte, criando inúmeras zonas de vocação vinícola. Exemplos disso são os solos arenosos, provenientes da alteração dos granitos, do norte do Beaujolais, do Rhône Setentrional (Condrieu, Hermitage) e da Alsácia.

Já os xistos caracterizam os cultivos de Banyuls, bem como diversos do Languedoc e da Provence.

Na Borgonha, boa parte dos solos é composta de calcário argiloso, dando vinhos sofisticados.

Ao contrário, em parte de Bordeaux, particularmente em Saint-Émilion, prevalece a argila calcária, o que origina vinhos másculos, mais estruturados.

Os solos de cascalho sempre têm confirmado seu potencial vinícola, tanto por armazenar calor quanto por sua permeabilidade, como nas proximidades do Rio Garonne – caso de certos vinhedos de Sauternes e de Pessac-Léognan – e do Rio Ródano (Rhône), como em Chateauneuf-du-Pape e Gigondas.

47 | Mendoza, a capital argentina do vinho

No período que se seguiu à praga da Filoxera[14] – entre 1880 e 1915 –, alguns fatos históricos se encarregaram de fixar as áreas em torno de Mendoza, no sopé dos Andes, como a região vinícola por excelência da Argentina. Dois desses fatos envolveram a Itália.

O primeiro foi a contratação do engenheiro César Cipoletti para desenvolver o sistema de irrigação dos solos mendocinos, estéreis e secos, a partir das águas do degelo das neves andinas. O Dique Cipoletti, atração turística da localidade de Luján de Cuyo, é testemunha da ação do engenheiro, que mereceu uma estátua no local, ao lado de seu teodolito.

O segundo foi a chegada de imigrantes italianos com conhecimento em vinicultura. Conta-se que o governo mendocino pagava aos agentes um peso por cada imigrante que fixasse residência na província.

O resultado, 20 anos mais tarde, foi uma superprodução que levou ao escândalo de 1914. Vinte milhões de litros tiveram que ser jogados fora para ajuste de estoques.

Mas a história agora é outra. Como em quase todo o Novo Mundo, a Argentina acordou para os vinhos de qualidade em fins dos anos 80, quando se modernizaram *bodegas* de primeira classe, como Catena, Norton, Weinert, Lagarde, Etchart, La Agrícola, La Rural, Suter, Trapiche, Finca Flichman, etc.

Em Mendoza, a casta bordalesa Malbec encontrou seu *habitat* ideal. Que o diga, por exemplo, o Trapiche Malbec Roble das Bodegas Trapiche, em Coquimbito, e a Família Zuccardi Q Malbec, das Bodegas Família Zuccardi, em Fray Luis Beltrán.

Mas a onipresente Cabernet Sauvignon ainda se impõe, como o demonstram os longevos e encorpados Dedicado e Caballero de la Cepa, da Finca Flichman.

14 - A Filoxera é um pulgão que se alimenta das raízes da videira e que destruiu grande parte dos vinhedos do mundo em fins do século XIX.

48 | "vin doux naturel"

Estive presente, junto com confrades da ABS, ao IV Concurso Nacional de *Sommeliers*, no Hotel Caesar Park de Ipanema, realizado em novembro de 1999. Foi um sucesso!

A cada um dos concorrentes foram feitas diversas perguntas e uma delas, que causou certa diversidade de respostas e que considerei particularmente difícil, dizia respeito aos vinhos doces denominados naturais, "Vin Doux Naturel", no rótulo, tais como os AOC Banyuls e Muscat de Beaumes-de-Venise.

Aprendi tratar-se de vinhos de sobremesa, doces e alcoólicos, obtidos pela interrupção da fermentação, por adição de aguardente vínica ao mosto rico em açúcares naturais.

O Banyuls vem do litoral mediterrâneo, no extremo sul da França. Trata-se de um vinho tinto, com 18 a 20% de álcool, elaborado a partir da Grenache, cultivada em solos xistosos de encosta, e "madeirizado" por oxidação controlada.

Diz-se que vai bem com chocolate. Eu prefiro considerá-lo uma sobremesa por si mesmo e uma alternativa acessível para um Porto nobre. Haja roquefort...

Já o Muscat de Beaumes-de-Venise é branco, originário do Vale do Rhône Meridional. Elaborado a partir da Moscatel Pequena ou "Muscat à Petits Grains" cultivada em solos planos calcários, alia sua exuberância aromática a uma notável doçura floral e frutada.

Assim, se o Banyuls é alternativa para o Porto, o Beaumes-de-Venise é uma alternativa para o Sauternes, pela metade do preço. Haja *foie-gras*...

49 | Chaptal e a adição de açúcar ao mosto

Personalidade sem dúvida curiosa e múltipla a do francês Jean Antoine Chaptal, Conde de Chanteloup (1756-1832).

Depois de formar-se em medicina, ele desviou seus interesses para a química, tornando-se professor universitário nessa matéria.

Como pesquisador, concentrou sua atenção na aplicação da química à indústria, devendo-se a ele procedimentos para a fabricação do cimento, do salitre e do ácido sulfúrico.

Foi assim que, detido durante a Revolução Francesa, teve sua prisão relaxada pelos republicanos, que precisavam de um encarregado para a fábrica de pólvora. Só para lembrar: Lavoisier não teve a mesma sorte e foi guilhotinado.

De interesse para nós são suas idéias no campo enológico, constantes de seu livro *L'Art de Faire les Vins*, publicado quando era ministro do Interior de Napoleão (1801). Nessa obra ele preconiza a adição de açúcar ao mosto antes da fermentação, procedimento até hoje usado e conhecido como "chaptalização".

Hoje sabemos que ele atirou no que viu e acertou no que não viu. Julgava, com base nos conhecimentos da época, que durante a fermentação os açúcares e os fermentos se destruíam mutuamente. Havendo fermentos em excesso, o vinho viria a se alterar, razão pela qual se tornava aconselhável a adição de açúcar para o esgotamento dos fermentos e a melhor conservação do vinho.

Sessenta anos mais tarde, Pasteur estabeleceria e comprovaria a teoria moderna da fermentação, eliminando a teoria anterior. Mas a medida preconizada por Chaptal é utilizada até hoje nas safras em que não há suficiente formação de açúcar nas uvas.

Segunda Parte

Compõem esta segunda parte os artigos de números 50 a 100, escritos originalmente entre janeiro de 2000 e abril de 2004 e aqui revistos e atualizados.

Inclui a França sete vezes, a Península Ibérica dez vezes, Itália e Alemanha aparecem oito vezes em conjunto.

Mantendo a proporção de um artigo sobre o Brasil para cada oito, os temas sobre vinhos brasileiros aparecem seis vezes.

Países do Novo Mundo totalizam cinco referências, entre eles Uruguai e Nova Zelândia, não incluídos na primeira parte.

Os demais são três sobre harmonização e nove artigos técnicos e de amenidades.

50 *terrantês, tarrantês, torrontês*

O adjetivo "terrantês", em desuso no português atual, significa "originário de certa terra ou povoado". Por exemplo, queijo terrantês, vinho terrantês, jarro terrantês...

Na Península Ibérica essa palavra denomina também uma variedade de uva branca, tendo sido adotadas diversas grafias para seu nome, conforme o dialeto local.

Na Galícia, por exemplo, essa casta tem presença em Ribeiro de Avia onde ela é a Tarrantés. Denomina-se Terrantês no Condado de Salvaterra e tem o nome reconhecido internacionalmente de Torrontés em Montealegre.

Portugal adotou a grafia Terrantez e com esse nome ela aparece no Nordeste (em Trás-os-Montes), na Região Central (no Ribatejo) e no arquipélago dos Açores, particularmente na Ilha da Graciosa, onde origina um dos vinhos brancos da Cooperativa de Santa Cruz. Consta que, no passado, ela tenha sido cultivada na Ilha da Madeira.

Trata-se de uma uva branca transparente, de bagos pequenos com casca fina e delicada. Dela se faz um vinho seco, claro, muito aromático, frutado, álcool entre 11 e 12,5 graus e que se pode conservar por algum tempo.

O renome atual da Torrontés vem de sua surpreendente aclimatação nas províncias argentinas de Salta e La Rioja, em altitudes acima de 1.000 metros, onde chegou trazida da Espanha.

O vinho da Torrontés é hoje considerado o mais típico entre os brancos argentinos. Que o digam as *Bodegas* La Rosa, de Michel Torino, a *Bodega* Etchart, de Arnaldo Etchart e a *Bodega* Família Zuccardi, onde a variedade é também usada no vinho branco doce Santa Júlia Torrontés Tardio.

51 | o champagne nasceu no sul da França

Cedendo bem jovem às suas inclinações religiosas e humanísticas, o francês Pierre Pérignon (1638-1715) tornou-se monge da Ordem Beneditina, conhecida por suas regras austeras e por ter preservado e legado para a posteridade as grandes obras da Grécia Clássica. Ele foi, então, encaminhado para o mosteiro de Saint-Hilaire, no sul da França, entre a cidade de Limoux e as muralhas de Carcassonne.

Essa sub-região do Languedoc dedica-se há séculos à elaboração de um espumante, conhecido como Blanquette de Limoux, cuja efervescência provém do término da fermentação dentro do recipiente definitivo – o chamado Método Ancestral. Claro está que era bebido de imediato, sem condições de conservação.

Durante os quase dez anos em que serviu em Saint Hilaire, Frei Pierre dedicou-se ao conhecimento dos vinhos, em geral, e do Blanquette, em particular.

Por isso mesmo, quando transferido para a Abadia Beneditina de Hautvillers, na Champagne, aos 30 anos de idade, ele já tinha idéias próprias no que diz respeito à elaboração e conservação dos espumantes.

Pôde então introduzir, agora como Dom Pérignon, Mestre de Adega, diversas novidades: misturar vinhos de várias uvas e safras para elaborar o vinho base, utilizar garrafas reforçadas, que fez vir da Inglaterra, induzir uma segunda e lenta fermentação no interior da garrafa para formar espuma, arrolhar definitivamente com cortiça, que importou da Espanha, e amarrar a rolha com barbante.

Nasceram, assim, no sul da França, as idéias que levaram ao atual Método Champenoise, de elaboração dos mais famosos e queridos espumantes do mundo.[1]

1– O método *champenoise* seria complementado mais tarde com a introdução de prateleiras inclinadas (*pupitres*) para facilitar o giro das garrafas (*remuage*) destinado à retirada dos sedimentos e clarificação do vinho. A rolha passaria a ser sustentada por uma gaiola de arame.

52 | o gosto amargo no vinho

Quem passa os olhos pelas fichas analíticas de degustação, encontra uma série de características a serem percebidas no vinho, tais como a doçura, a acidez, o calor, a maciez, a adstringência, entre outras, mas não o amargor.

Uma abertura para o relato dessa sensação encontra-se em um campo secundário, na parte inferior da ficha, onde se pode dizer discretamente, se for o caso, "com um fundo ligeiramente amargo..."

A razão para isso é muito simples: o gosto nitidamente amargo não é bem-vindo no vinho e evitá-lo é uma das tarefas de quem pretende elaborar vinhos de qualidade.

A sensação de amargor deve ser imperceptível nos vinhos brancos e nos vinhos tintos jovens e frutados.

Em um tinto maduro ou envelhecido, entretanto, aparece inevitavelmente um discreto fundo amargo, devido à oxidação dos taninos, ao longo do tempo.

Nesses casos o que mascara a sensação indevida é o álcool, razão pela qual somente vinhos tintos alcoólicos, com mais de 12,5% de álcool, envelhecem bem.

E também razão pela qual alguns vinhos brasileiros não envelhecem tão bem, devendo ser consumidos jovens.

53 | ainda, o gosto amargo no vinho

Apesar da sensação de amargor não ser grata nem a quem faz o vinho nem a quem o degusta, ela surge em alguns casos, ora por não ser evitável, ora por defeito de elaboração.

Como vimos no artigo anterior, os tintos envelhecidos apresentam um discreto fundo amargo. Esse fato é inevitável.

A sensação desagradável, entretanto, é mascarada nos grandes vinhos longevos pela presença do álcool etílico, que lhes preserva a maciez.

Já nos outros casos, o amargor nítido caracteriza um defeito. Um exemplo de elaboração defeituosa que leva ao amargor é o início precoce da fermentação por ferimento das uvas durante seu transporte entre o vinhedo e a cantina.

Outro exemplo é dado pelo aproveitamento, ainda que parcial, de cachos que apodreceram e que não tenham sido descartados por motivos econômicos. Desenvolvem-se então fungos e bolores. O uso de uvas apodrecidas leva à destruição de matérias corantes, faz desaparecer substâncias aromáticas e transmite amargor e maus sabores.

Sem pretender esgotar o assunto, cito finalmente a doença dos vinhos conhecida em Portugal como Amargo, proveniente de ataque bacteriano sobre a glicerina, componente compulsório do vinho formado junto com o álcool.

Desse ataque resultava a formação de acroleína, substância de odor sufocante, sempre relacionada com o indesejável sabor amargo no vinho, hoje praticamente eliminada com os cuidados na cantina.

54 | as ilhas italianas na Vinexpand

A sede da Sociedade Hípica Brasileira, no Rio, foi palco de uma concorrida tarde-noite de degustação de vinhos da Itália.

Atrações especiais foram o grande número de exemplares – contei 70 diferentes rótulos distribuídos em 24 estandes – e a presença, em pessoa, de diversos vinicultores peninsulares.

É claro que os grandes – Barolo, Barbaresco, Amarone, Brunello – bem como os mais conhecidos e acessíveis – Dolcetto, Valpolicella, Bardolino, Chianti – estavam lá representados, entre tantos outros.

Mereceram minha particular atenção, entretanto, por sua raridade, até então, no Brasil, os vinhos provenientes das ilhas italianas.

Dois da Sicília. Um interessante Regaleali Rosso 97, da região de Palermo, da uva Nerello, ainda no início de sua maturação, robusto e aromático, e o tinto claro Cerasuolo di Vittoria 98, do sul da ilha, da casta Calabrese, de pouca cor e muito álcool.

Dois da Sardenha. Da importante vinícola Sella & Mosca: o branco Vermentino di Gallura 96, da uva Vermentino, dourado, frutado e seco, e o tinto Canonau di Sardegna 97, da uva Canonau – a Garnacha espanhola – rico e intenso, mas que merecia ainda meio ano de guarda, pelo menos.

55 | o chão de areia de Colares

A região de Colares situa-se nas proximidades de Lisboa, entre a Serra de Sintra e o mar. De tradição vinícola secular, o vinho de Colares é documentado já na época de D. João I de Portugal, que, em 1385, doou a região a um Condestável do reino. Hoje o cultivo de vinhedos por ali parece destinado à extinção, tendo em vista a especulação imobiliária em torno da capital portuguesa.

Permanece, entretanto, curioso e *sui generis*, o sistema de cultivo local. Como a região é batida fortemente por ventos marítimos, os vinhedos são protegidos por paliçadas de bambu que lhes conferem um aspecto característico.

O terreno é formado por uma camada de areia, conhecida como "chão de areia", assentada sobre um piso de argila, denominado "chão rijo". Para plantar a vinha são feitas escavações na areia até encontrar o chão rijo, onde a videira é "unhada". Depois de vingar, o pé sobe pela areia e as vides florescem rastejando no chão, onde morreriam pelo calor se não fossem amparadas por estacas.

A variedade tradicional da região é a Ramisco que, vinificada na Adega Cooperativa local, dá um tinto pouco alcoólico, muito adstringente quando novo, e que necessita de pelo menos uns quatro anos para amaciar.

Trata-se de variedade pré-filoxérica, já que a Filoxera, que não se dá bem em terrenos arenosos, poupou o Chão de Areia de Colares enquanto destruía, no fim do século XIX, o resto do patrimônio vitícola lusitano.

56 | abaixo a estandardização

Com esse título foi organizada uma degustação, orientada pelo autor destas linhas, para o segundo dia do Encontro Internacional do Vinho do Espírito Santo, em Pedra Azul, ES, em agosto de 2000. A idéia era fugir das chamadas "uvas mundiais" – Cabernet Sauvignon, Merlot, Chardonnay – dando preferência a castas típicas de certas regiões. Aqui vão três das sete variedades incluídas:

A casta branca Viognier é cultivada em declives do Vale do Rhône, no sudeste da França, onde responde pelos famosos Condrieu e Château Grillet. A produção é minúscula, mesmo considerando que se acha em expansão. O vinho da Viognier é dourado, seco e untuoso, com um nariz extremamente rico em aromas florais, frutados e vegetais, lembrando acácia e mel, damasco ou pêssego, anis e menta. Tem seu melhor momento quando ainda jovem.[2]

A variedade tinta Tannat é encontradiça no sudoeste da França, ao sul do Armagnac. Tem mosto escuro, auxiliando o aprofundamento da cor quando entra em cortes, como no caso do Cahors, em que divide espaço com a Malbec.

Na AOC Madiran, entretanto, a Tannat predomina, dando um vinho púrpura, tânico, atarracado, áspero quando jovem mas que amacia e torna-se aveludado com o passar do tempo, destacando seus aromas de ameixa seca, especiarias e pão torrado.

A cepa tinta Nerello Mascalese da Sicília é a base de dois DOC's da ilha, a saber, o Etna Rosso, de Catânia, e o Faro, de Messina. São tintos que assumem um rubi intenso a partir do terceiro ano, mas que não suportam guarda prolongada, passando à cor "telha" já no quinto ano. A Nerello contribui também para o corte do nosso conhecido Corvo, de Palermo, bem como para o típico Rosso di Sciacca, do sudoeste da Sicília.

2 – O aroma de mel – do acetato de feniletila – se funde à perfeição com o perfume da acácia – do álcool feniletílico – de vinhos brancos florais, como os Viognier do Rhône (Condrieu, Château Grillet) e de alguns Moscatéis (Setúbal em Portugal, Beaumes-de-Venise na França, Málaga na Espanha, Pantelleria na Itália).

57 | Dom Cândido, um branco com maceração

Quem acompanha a participação dos vinhos brasileiros em concursos internacionais se surpreende com o número de vezes que o Chardonnay Reserva, da Vinícola Dom Cândido, Bento Gonçalves, RS, tem sido premiado.

Já em 1995, o citado vinho branco da Serra Gaúcha, proveniente dos vinhedos cultivados pelo carismático patriarca Cândido Valduga, havia sido indicado como o mais representativo da safra do ano, na Avaliação Nacional, em Caxias do Sul. Tal fato se repetiria mais tarde, fora do Brasil.

Foi assim em 1998, em Madri, Espanha, com a conquista da Medalha de Bronze; ainda em 98, com um Diploma de Honra em Budapeste, Hungria; e, também em 99, em Xangai, com uma Medalha de Prata.

Em visita da ABS ao Sul, tivemos a oportunidade de conhecer, de perto, parte do segredo desse Chardonnay nacional. Antes de ser fermentado, o mosto é mantido em contato com as cascas durante certo tempo, a baixa temperatura, retirando matéria e cor, procedimento conhecido em Enologia como crio-maceração, ou seja, extração de polifenóis a frio.

Somente após tal medida o mosto é separado das cascas e fermentado a temperatura controlada, resultando um caldo amarelo-palha um pouco mais fechado e de certo corpo, pouco usual nos nossos brancos da Chardonnay.

Como acontece com todos os vinhos brancos nacionais, o Chardonnay Reserva Dom Cândido apresenta um nariz tímido, o que contrasta com a necessidade de uma baixa temperatura de serviço devido à acidez presente.

Sua correção e seus atributos gerais de qualidade, porém, lhe conferem a dignidade indispensável para que mereça os prêmios com que tem sido agraciado.

58 | a Nova Zelândia e a sauvignon blanc

No chamado "Novo Mundo do Vinho", se a década de 1970 foi da Califórnia, com seus Cabernets e Chardonnays, e a década de 1980 foi da nova Argentina, com os Malbec e Torrontés, a década de 1990 descobriu a Austrália, da Shiraz, e a Nova Zelândia, da Sauvignon Blanc.

Deixo de citar o Chile e a África do Sul, por terem sido reconhecidos ainda antes da Segunda Grande Guerra, e o Brasil e o Uruguai, porque estavam engatinhando nos anos 90.

De caráter ácido, fresco, vivo, a Sauvignon Blanc é uma variedade branca, originária de Bordeaux (Graves, Entre-Deux-Mers, Sauternes), bem aclimatada há décadas no Loire (Sancerre e Pouilly-Fumé) onde encontrou seus solos de preferência, calcários ou argilo-calcários.

Pois recentemente, não mais que 30 anos atrás, ela os encontrou também nas duas ilhas que formam a Nova Zelândia, as quais, consideradas em conjunto, se assemelham curiosamente à bota itálica invertida, localizada no Hemisfério Sul.

No extremo sul da Ilha Norte encontra-se a região vitivinícola de Wairarapa, próxima do porto de Wellington.

No extremo norte da Ilha Sul, a região vinícola pioneira de Marlborough, próxima da cidade de Nelson.

Ali são elaborados vinhos brancos que, com seus típicos aromas de melão e *grapefruit*, entre o mineral e o discretamente defumado, são considerados os melhores Sauvignon Blanc do Novo Mundo, nesse início de terceiro milênio.

59 | harmonizando no concurso mundial

Do Concurso Mundial de Sommeliers realizado em Montreal constou uma Terceira Etapa em que era requerida uma harmonização de quatro vinhos, de quatro países diferentes, com o cardápio a seguir:

- *Entrada – Foie Grãs com Emincé (fatias finas) de Coquille Saint Jacques*
- *Prato – Queue de Lotte Rôtie, com Noisette de Chevreuil Sautée aux Grains de Genièvre.*
- *Queijo – Comté (francês, de leite de vaca, similar ao Gruyiere suíço)*
- *Sobremesa – Soufflé aux Fruits de la Passion (creme de maracujá).*

O Foie Gras exigiria, em princípio, um tinto nobre, robusto. Isso, entretanto, traria dois embaraços: não iria bem com a Coquille e criaria uma dificuldade à frente (peixe assado, queijo de pasta cozida). A solução para a entrada seria, portanto, um branco semi-seco, frutado, comum à pasta de fígado e ao molusco. O rabo (*queue*) de Lota, peixe de rio, exige um branco seco. A presença aromática do Zimbro (*genièvre*) e dos pedacinhos de queijo de cabra (*noisette de Chevreuil*) no contorno estão pedindo, adicionalmente, que tal vinho seja aromático e rico em álcool.

O queijo Comté, do leste da França, de massa cozida, gorduroso e discretamente untuoso, mas sem o nível de sabor de um Roquefort, pede apenas um tinto leve e frutado. O creme de maracujá, macio, doce, saboroso e com discreta acidez, poderá ser combinado com um branco doce, equilibrado, da família dos Moscatéis. Com base no acima exposto, uma seqüência adequada poderia ser:

- *um Franken Silvaner Spätlese, alemão, com a entrada.*
- *um Alsace Gewürztraminer, francês, com o prato principal.*
- *um Barbera d'Asti, italiano, com o queijo e*
- *um Moscatel de Setúbal, português, com a sobremesa.*

60 | os sete nomes da Real Companhia

Um Porto dos mais conhecidos entre nós é aquele engarrafado e exportado pela Real Companhia Velha, a maior produtora de Vinhos do Porto em Vila Nova de Gaia, Portugal, na foz do Rio Douro.

É esse nome mesmo, Real Companhia Velha (1), que aparece em geral nos rótulos. Isso nada teria de curioso não fosse o fato de que essa empresa vinícola pode ser reconhecida, na realidade, por sete nomes diferentes. O nome completo é Real Companhia Vinícola do Norte de Portugal (2).

Ela possui uma gigantesca adega em Vila Nova, da qual uma parte encontra-se dentro de um antigo túnel de estrada de ferro, produto de sua expansão por volta de 1950, quando incorporou o patrimônio da antiga Companhia Geral de Agricultura dos Vinhos do Alto Douro (3), ou simplesmente Companhia Velha (4), criada por iniciativa do Marquês de Pombal, em 1756.

Empresa privada da família Silva Reis até 1974, tornou-se uma cooperativa de trabalhadores após a Revolução dos Cravos com o nome de Real Vinícola (5).

Quatro anos depois, ela voltaria à iniciativa privada e, como tal, exporta vinhos para a Inglaterra sob a denominação The Royal Oporto Wine Company (6) ou, referindo-se ao negócio como um todo, Real Companhia Vinícola Group (7).

O Vintage de 1970 traz estampados no mesmo rótulo: Real Companhia Velha, Royal Oporto Wine Co e Cia. Geral de Agricultura dos Vinhos do Alto Douro, talvez, para que não reste a menor dúvida.

61 | segredos de Fontanafredda

Muito apreciados, os três B do Piemonte – Barolo, Barbaresco e Barbera – encontram na vinícola Fontanafredda um dos elaboradores de maior renome.

Fundada no século XIX, a propriedade de Fontanafredda guarda consigo segredos da antiga casa real italiana.

Em 1850, aos 30 anos de idade, Vitiorio Emanuele, ainda rei da Sardenha, futuro pai da pátria e de filhos ilegítimos, trocou olhares com a camponesa Rosa Vercellone, da aldeia de Moncalvo, na imponente casa de caça real de Fontanafredda, no Piemonte.

O amor nasceu e frutificou como num conto de fadas. Dois anos depois já haviam nascido dois filhos do casal, primeiro Vittoria, depois o menino Emanuele.

Bonita e esperta, Rosina não parecia atenta aos outros casos mantidos pelo amante e soberano, comportando-se sempre com discrição mas concorrendo de certo modo para o exílio das rivais. Tornou-se dessa forma, oficialmente, a Condessa de Mirafiori.

Seu herdeiro Emanuele, Conde de Mirafiori, criou a Vinícola Fontanafredda em 1878. Se o conde soube desenvolver e dar prestígio à marca, o mesmo não aconteceu, já no século XX, com seu filho Gastone, neto do rei e da condessa, mulherengo e gastador.

A casa decadente acabou, em 1931, nas mãos do principal credor, o Banco Monte dei Paschi di Siena, que conduziu excelente trabalho de recuperação.

Foi a partir daí que a vinícola piemontesa recuperou prestígio e assumiu a posição e o renome que mantém até nossos dias, em especial com seu sempre apreciado e às vezes glorioso Barolo Fontanafredda.

62 | o odor herbáceo não é bem-vindo

O adjetivo "herbáceo" diz respeito à planta que tem porte e consistência de erva. Por extensão, "herbáceo" diz respeito também ao aspecto e aos cheiros das ervas e das folhagens em geral.

Em sentido restrito, entretanto, no que respeita à degustação do vinho, tal palavra sugere uma característica aromática inferior ou mesmo indesejável.

Não estou sozinho nessa afirmação. O professor e articulista gaúcho Mauro Côrte Real, em *A Arte de Beber Vinhos*, é incisivo ao considerar como defeituoso o vinho em que se constata, no nariz, uma "forma desagradável chamada de odor herbáceo".

No *Guía para Conocer y Degustar los Vinos*, o especialista inglês Michael Broadbent define o odor herbáceo como remanescente dos cachos, pois o atribui ao equivocado prolongamento do contato do mosto "*con los pedúnculos de las uvas*".

Em *Conhecer e Trabalhar o Vinho*, o respeitado enólogo francês Émile Peynaud, recém falecido, lembra que alguns vinhos apresentam aromas agradáveis, florais ou frutados, e que o contrário disso é um odor comum e grosseiro, "herbáceo, de folha".

Em *Le Goût du Vin*, bíblia da degustação, Peynaud vê defeito nos odores de azeitona verde ou de feno na colheita, ao criticar, com um toque de ironia, o *gout herbacé* dos Cabernets do Alto Ádige, na Itália.

Trata-se de questão semântica, já que certos aromas de ervas – a menta, o pinho, o musgo, o tomilho – são bem-vindos. Mas, com base no acima exposto, sugiro que se guarde a qualificação de "herbáceo" para aromas vegetais pobres, pouco ou nada inspiradores.

63 | ainda o odor herbáceo

Sugeri no artigo anterior, fundamentado em autores diversos, que se reserve a qualificação de "herbáceo" para odores vegetais indesejáveis nos vinhos. Disponho-me agora a complementar o assunto.

De Portugal, o Dr. Tomás Simões, do Instituto do Vinho do Porto – IVP ensina que uma prensagem cuidadosa das uvas brancas, com o uso de prensas pneumáticas, evita a formação de "aromas herbáceos, nefastos para a qualidade do vinho". Já o professor Bento Amaral, também do IVP, lembra que taninos de qualidade inferior "imprimem um caráter herbáceo" indesejável ao vinho tinto.

Em seu livro *Enología Básica*, o especialista espanhol Antonio Larrea Redondo diz que a prensagem excessiva das uvas origina aromas inferiores, devido à formação de uma substância que *"comunica un olor un poco herbáceo"* ao vinho.

Um comentário curioso e definitivo, contudo, vem de um leitor de São Paulo. Ele conta o mau momento que passou em Bordeaux, na adega de um Château cheia de gente, ao descrever em voz alta o aroma do vinho local como *herbacé*. Em meio ao silêncio e ao espanto que se seguiram, um bordalês saiu discretamente em seu socorro, explicando: "*Herbacé* não, que é um baita defeito! Cuidado!".

Nosso leitor tentou uma saída dizendo que no Brasil isso era "cheiro de grama cortada" e que, se não era grande coisa, também não era defeito... e se salvou.

E termina: "Tenho repetido para ouvidos incrédulos esta história sem provocar comoções. Vem agora seu artigo dar suporte ao que aprendi na prática... e com dor!"

Com o que, pelo menos por enquanto, dou o assunto por encerrado.

64 | grandes progressos na serra gaúcha

Tenho procurado dar destaque à elaboração de vinhos finos no Brasil, reservando para os mesmos, nesta série, um espaço em cada oito.

Impressionado com o que vi recentemente em viagem à Serra Gaúcha, em termos de desenvolvimento de vitivinicultura de qualidade, divido com vocês algumas anotações.

A Vinhos Salton, que dispõe de instalações dispersas em Bento Gonçalves, vai concentrar sua produção em uma central de notáveis proporções, em término de construção na localidade de Tuiuti, RS. A linha Salton Classic de varietais tem se distinguido entre nós.

A Vinícola Miolo está colocando em prática um extraordinário programa de expansão no Vale dos Vinhedos, a par da implantação de projetos no Nordeste Brasileiro (Terranova) e na Campanha Gaúcha (Seival). A qualidade dos Reserva Miolo, vinhos brancos e tintos varietais de uvas nobres, tem sido reconhecida nacional e internacionalmente.

Em Faria Lemos, a 10 km de Bento, destacam-se as atividades de expansão na área dos Vinhos Finos e do Agroturismo da família Dal Pizzol, cujos espumantes e varietais vêm merecendo elogios e aceitação.

Outra expansão concluída é a da Casa Valduga. Em especial seu Cabernet Sauvignon, agora novamente degustado, já mereceu atenção especial desta coluna. A vinícola conta com uma grande área coberta que complementará, com vantagem, as atuais.

Cito finalmente, entre as vinícolas que visitei, e sem nenhuma pretensão de esgotar o assunto, os esforços que vêm sendo desenvolvidos na Vinícola Dom Cândido, cujo Chardonnay foi objeto do artigo desta série de número 57.

65 | os vinhos do Rhône na carta de Petrarca

É fato histórico conhecido que a sede do catolicismo foi transferida, em 1309, de Roma para a região do Rio Ródano (Rhône) no sul da França, estabelecendo-se em Avignon e aí permanecendo por décadas.

Os vinhos do Rhône, que já gozavam de prestígio desde a colonização romana, atingiram nessa época seu apogeu.

A personalidade intelectual mais destacada da região era então o poeta italiano Francesco Petrarca, cuja musa inspiradora, imortalizada poeticamente como Laura de Petrarca, ele conhecera em Avignon.[3]

Através de seus sonetos ele imortalizou a Fonte de Vaucluse, local onde ele tinha uma casa de campo, e o Monte Ventoux, ambos nas cercanias daquela cidade.

Percebendo a resistência dos cardeais em retornar a Roma, terminadas as razões da mudança, o Papa Urbano V pediu, em separado, uma explicação a Petrarca, que respondeu por carta:

> *"Excelência Reverendíssima, os príncipes da Igreja, que muito apreciam os vinhos do Rhône, sabem que vinhos franceses são mais raros no Vaticano do que a própria Água Benta."*

Em 1378 dá-se o Grande Cisma e, durante 40 anos, a Igreja convive com dois papas.

Um em Roma, dos delicados Frascati e Marino. Outro em Avignon, dos robustos Chateauneuf-du-Pape e Gigondas.

3 – Petrarca nasceu em Arezzo, na Itália. Com o exílio de seu pai, estudou em diversas cidades até se fixar em Avignon, onde, aos 23 anos, conheceu Laura de Noves, seu amor platônico e musa pelo resto da vida.

66 | cantos de amor a Caxias do Sul

"Eu amo Caxias / por todas as emoções que ela me deu..."

A linha vai entre aspas, pois, se o sentimento é também meu, os versos não o são. Iniciam um poema de Vargas Netto, gaúcho falecido no Rio, que descreve, de forma admirável, as vinhas e os vinhos da Serra Gaúcha:

"Aquelas montanhas... / em cujos flancos as vinhas acrobáticas / levantam para o céu os braços tristes / que entregaram ao homem a alegria dos frutos... / e os seus vinhos dourados."

Quem teve a chance de conhecer as cercanias de Caxias do Sul há de saber do que tratam esses versos. E aqueles que lá estiveram durante a Festa da Uva hão de reconhecê-la no canto de outro poeta do sul:

"... os carros vão passando / fistulados de palmas e de galhos / pejados de uvas e de mulheres que cantam... /agitadas as mãos, num gesto de vitória."

É como Olmiro de Azevedo vê o desfile dos colonos por aquela cidade:

"... do parque dos pinheiros sonolentos, / das cantinas fartas e bulhentas, ..."

Termino como comecei, com Vargas Netto:

"Eu amo Caxias, principalmente / pela coisa melhor que não contei...",

fecho de magia e de mistério de mais um canto de amor pela cidade que os imigrantes italianos edificaram sob os signos da uva e do vinho.[4]

4– Com a chegada dos italianos à Serra Gaúcha a partir de 1870, foi criada a aldeia de Campo dos Bugres em torno do Barracão dos Imigrantes, pouso provisório e posto de triagem das famílias imigrantes. Quarenta anos depois o Campo dos Bugres seria elevado à categoria de cidade com o nome de Caxias do Sul, sede do município de mesmo nome.

67 | a lenda do corvo da Sicília

A cultura da vinha e a elaboração de vinhos na Sicília são tão antigas que a tradição atribui seu primeiro vinhedo a Baco, o deus romano da embriaguez. Alguns vinhos da ilha são conhecidos e encontrados por aqui.

O Marsala em seus diversos tipos – Vergine, Superiore, Vecchio – é um deles. Outros são o Etna, branco e tinto, e o Cerasuolo, da cidade de Vittoria no sul da ilha, que recebe aquele nome devido à sua cor cereja.

Mas o mais popular entre nós é o Corvo "Duca di Salaparutta", nas versões tinta – o Corvo Rosso – da casta Nerello Mascalese, e branca – o Corvo Bianco – da casta Inzolia. Seu nome deriva de uma lenda regional.

O forte grasnar de um corvo dificultava o sono dos habitantes de uma aldeia próxima de Palermo. Como ninguém conseguia vê-lo ou alcançá-lo, passaram a considerar o ruído incômodo como uma manifestação demoníaca e chamaram um eremita para exorcizá-la.

O santo homem trouxe consigo hastes de vinha que mandou plantar e cultivar. Com o tempo, crescidas as videiras, verificou-se não somente o fim do desconforto como o surgimento de uvas que deram bom vinho. Esse recebeu, então, o nome da ave barulhenta.

68 | vinhos para o Laguiole

Ocupando a parte mais alta do maciço central da França, a região de Auvergne, cuja sede é a cidade e centro industrial de Clermont-Ferrand, é pouco povoada em seu interior e tem na criação de gado sua atividade predominante.

O turista que viaja pela região, particularmente à procura das termas de Vichy, avista facilmente nas montanhas certas cabanas de pastores, que parecem ser a entrada de uma mina na encosta.

Cobertas por tecido ou couro, essas cabanas são conhecidas localmente como *burons* já que *bure*, em francês, tem o significado de tecido de lã.

Elas na realidade funcionam, surpreendentemente, como queijaria e nelas é elaborado, há séculos, o queijo local, protegido pela denominação de origem "Laguiole", nome afamado na França e pouco conhecido entre nós, pelo menos como queijo.

Trata-se de queijo de leite de vaca coalhado, prensado, maturado por três meses através de procedimento tradicional, resultando em produto de casca acinzentada, dura e seca e massa dourada, fina e saborosa.

Seu teor de gordura, de 45%, é superior ao do Gouda francês, mas inferior ao do Roquefort. Além disso, ele não apresenta as incrustações aromáticas desse último.

Isso faz com que o vinho adequado para o Laguiole seja um tinto frutado, por exemplo, Cru Beaujolais Morgon ou Fleurie ou um rosado de qualidade, como um Tavel em seu segundo ano, por exemplo, o Château d'Aqueria, um Domaine de Ia Mordorée ou o Domaine de Canto-Perdrix.

Se o Real permitir uma próxima ida ao interior da França, esqueça o colesterol, drible a glicose e confira isso tudo em Puy-de-Dôme, ou em Vichy mesmo, na Auvergne. Pelo menos você estará fora dos roteiros tradicionais.

69 | o vinho dos monges de Nossa Senhora

A região de vinhos de qualidade da Alemanha encontra-se no sudoeste do país, ao longo do Rio Reno e de seus afluentes, tais como o Rio Main e o Mosel.

Ao fluir por certo trecho do sul para o norte, o Reno passa pela cidade de Worms, historicamente famosa por ter sido local, em 1521, do banimento de Martinho Lutero, evento que deu início à Reforma que dividiu o mundo cristão.

Nos arredores de Worms se localiza a igrejinha gótica e mosteiro de Nossa Senhora, sede de uma abadia cujos monges elaboravam um vinho branco fino, suave e delicado, que fez, com o passar do tempo, a fama dos vinhos germânicos para além das fronteiras.

Acontece que, em alemão, Nossa Senhora é *Liebfrau* – mulher amor, ao pé da letra – e Monge era *Minch*. O vinho citado era, assim, o "Liebfrauenminch", simplificado e popularizado posteriormente como Liebfraumilch.

Seus rótulos levam ainda hoje a imagem da Virgem com o menino, ainda que o Liebfraumilch tenha se descaracterizado com o passar do tempo, sendo agora apenas o nome charmoso de um vinho branco leve, de qualidade mediana e irregular, elaborado em diversas regiões.

De qualquer forma espero ter contribuído, com a informação acima, para enterrar definitivamente essa tradução romântica, porém equivocada e um tanto sacrílega, de "leite da mulher amada".

70 | coisas de Portugal

A diferença de linguagem entre Brasil e Portugal é particularmente curiosa quando se trata de nomes de vinhos e de variedades de uvas. Para exemplificar, proponho a seguir algumas questões, com suas respostas.

• *O vinho Velho Rosado Femandes é branco, tinto ou rosado?* É um vinho tinto elaborado pela vinícola Rosado Femandes, de Reguengos, no Alentejo.

• *De que se trata um João Pires "Catarina" Fernão Pires?* Do vinho branco "Catarina", da Vinícola João Pires, de Setúbal, elaborado com a variedade branca Fernão Pires.

• *Que tipo de vinho é o Raposeira Bruto Método Champanhês?* É um espumante seco, elaborado pelo método tradicional da Champagne, nas Caves da Raposeira, em Lamego.

• *O que é um Espadeiro Verde Adamado Bracarense?* Um Vinho Tinto Verde, da casta Espadeiro, adamado, ou seja, meio doce, da sub-região de Braga (daí Bracarense).

• *Por que o vinho Madeira Doce da Negra Mole tem sido mais usado na cozinha?* Por se tratar de um Vinho Madeira comum, bom para molhos, elaborado com a casta Negra Mole, a mais simples e barata da Ilha da Madeira.

•*De onde vem o Tinto Ramisco Chão de Areia?* De Colares, perto de Lisboa, onde a casta tinta Ramísco, pré-filoxérica, é cultivada em chão de areia onde a Filoxera não se desenvolve.

Fico por aqui, por enquanto. Mas daria certamente para chegar à centésima questão, sem grande esforço.

71 | a denominação de origem e o busto do barão

Foram necessários 30 anos para que os vinhedos franceses fossem recuperados após a devastação pela Filoxera, iniciada em 1864. Tal recuperação, porém, foi tão rápida como havia sido o alastramento da calamidade.

Retomada a plena produção por volta de 1920, a região do Rhône, por exemplo, voltou à sua posição de destaque na produção de uvas e vinhos, a ponto de surgirem fraudes e falsificações. A reação a tal procedimento deu-se em Chateauneuf-du-Pape.

Por iniciativa do Barão Pierre Le Roy de Boiseaumarié, proprietário do Chateau Fortia, formou-se uma associação de defesa da qualidade, em 1923, que estabeleceu as condições indispensáveis para que o vinho tivesse o direito de ostentar a "Appelation Chateauneuf-du-Pape Controlée" no rótulo.

A iniciativa do barão teve pleno êxito, dando origem ao sistema de "Appelation d'Origine Controlée", que passou a abranger toda a França a partir de 1936.

Como sinal de gratidão, os demais proprietários resolveram erigir um busto em sua homenagem. Foi um tal de "erigir" pra lá e "erigir" pra cá que, aos 70 anos de idade, o barão teve a surpresa de ouvir o orador terminar seu discurso felicitando-o por sua primeira "ereção" e lhe desejando muitas outras.

72 | novos conceitos para os vinhos alemães

Mais de três décadas se passaram desde que a Alemanha oficializou a classificação para seus vinhos, o que se deu em 1971. Em linhas gerais, os vinhos germânicos, brancos em sua grande maioria, são: de Mesa (*Tafelwein*), de Qualidade (*Qualitätswein*) ou de Qualidade com Distinção (*Qualitätswein mit Prädikat*).

Nos anos 90, os vinhos alemães passaram por um período pouco expressivo. Uma das reações a esse fato foi a introdução de novos conceitos, direcionados para o público consumidor.

Sendo a preferência atual por vinhos brancos secos em que a variedade de uva determina o gosto, decidiu-se pela adição de dois novos termos, incluídos nos rótulos de alguns vinhos a partir de 2001, "Classic" e "Selection", escolhidos por serem termos familiares já associados ao vinho, e pela simplificação dos rótulos.

Tais conceitos têm a finalidade de conferir um perfil claro para o consumidor, em adição à classificação oficial, de acordo com os dados seguintes:

- o gosto dos vinhos Classic e Selection é harmoniosamente seco e de caráter varietal;
- Classic é o vinho de qualidade média e Selection, o de qualidade superior;
- os preços relativos refletirão essa diferença.

Pode ser que a simplificação dos rótulos tenha bons resultados comerciais. Para os amantes tradicionais dos vinhos alemães, entretanto, acostumados com a informação completa que os seus rótulos trazem, isso é uma pena.

73 | os herdeiros do Marqués de Riscal

Quem conhece o Rioja "Marqués de Riscal" há de lembrar que a parte inferior de seu rótulo tem uma ampliação retangular, ostentando medalhas. Isso tem uma história de 140 anos e até mais.

Camilo Hurtado de Amezaga, diplomata espanhol residente em Bordeaux em meados do século XIX, era proprietário de vinhedos no centro-norte da Espanha.

Pacientemente, por vários anos, ele desenvolveu esforços no sentido de elaborar vinhos de qualidade ao estilo bordalês, com recurso a castas espanholas.

Foi somente em 1862, passados 15 anos do início das atividades e da contratação de um enólogo francês, que a vinícola de Dom Camilo Hurtado, o Marquês de Riscal, começou a engarrafar seus vinhos.

O esforço e a paciência valeram a pena para ele e para seus continuadores, pois logo se seguiram fama e vitórias em exposições européias.

Uma delas foi especial: em 1895 o tinto "Marqués de Riscal" tornou-se o primeiro vinho de fora da França a receber o Diploma de Honra da Exposição de Bordeaux.

Esse fato está perpetuado no rótulo, mantido pelos *Herederos* do Marquês.

Eles deram continuidade ao seu trabalho ao longo do século XX, ampliando a fama da vinícola, especialmente a partir de 1970, quando, contando novamente com um enólogo francês, passaram a elaborar também vinhos brancos de primeira.

74 | outra vez a família Miolo

Descrevi no artigo de número 26, na Primeira Parte, uma visita feita à vinícola Miolo, na serra Gaúcha.

O artigo terminava dizendo "*Forza*, Alexandre!", num estímulo, ao estilo das torcidas italianas, ao jovem Alexandre Miolo que me acompanhara na visita.

Voltei lá recentemente e pude testemunhar o incrível e até surpreendente desenvolvimento da vinícola desde então, no Vale dos Vinhedos.

Chegam agora notícias da expansão da empresa na fronteira com o Uruguai e espero ter uma oportunidade de ir lá conferir.

As coxilhas que recortam a Campanha Gaúcha, tradicional região de pastagem, acolheram as primeiras mudas de castas européias importadas. Nos últimos meses, a Miolo teria fincado ali 30 mil estacas de sustentação para videiras.

Esperam que, em cinco anos, os 400 hectares da Fazenda Seival em Candiota, RS, estejam cobertos de vinhas. Os primeiros vinhos já foram elaborados.

Sei que a Campanha Gaúcha dispõe de atributos adequados de solo e de regime de chuvas, promessa de vinhos nacionais com mais corpo e longevidade.

Torcedor doente do desenvolvimento da vinicultura brasileira, termino com incitação mais forte que a anterior: *Forza*, Antonio! *Forza*, Darcy! *Forza*, Adriano!

75 | o vinho tinto e a madeira

É comum relacionar a qualidade superior de alguns vinhos tintos à sua permanência, mais ou menos prolongada, em recipientes de madeira. Isso tem limites e a desobediência a tais limites tem sido notada, infelizmente, em tintos do novo mundo do vinho, inclusive em alguns tintos brasileiros.

Na barrica, a oxidação é adequadamente lenta e moderada, e eles se estabilizam "respirando" pelas juntas das aduelas e pela superfície superior da barrica, o que é ótimo.

Porém, conforme a casta e a temperatura da adega, tem-se um tempo de permanência ideal que não deveria ser ultrapassado, sob pena de surgirem conseqüências indesejáveis no odor, no gosto e na longevidade.

A madeira comunica ao vinho aromas agradáveis, de baunilha e de torrefação, e taninos que lhe são próprios.

Nesse caso, entretanto, é indispensável que os taninos sejam nobres, como os do carvalho, e que os aromas adicionais da madeira não se sobreponham, como tem sido notado, aos aromas frutados da bebida original.

De qualquer forma, na qualidade de um grande tinto, juntamente com a qualidade da uva e a elaboração cuidada, intervém seu amadurecimento em madeira.

Não deixa de ser curioso saber, por isso, que as vantagens do uso da barrica eram desconhecidas, originalmente e por muito tempo, e que ela era usada simplesmente por ser um bom recipiente, fácil de encher, esvaziar e limpar.

76 | o Pétrus dos presidentes e o Porto dos deuses

Li nos jornais na ocasião do acontecido que, entre as bebidas que sumiram no episódio da invasão da fazenda de Buritis, pertencente ao então presidente Fernando Henrique, estava um Pétrus, o legendário tinto do Pomerol.

Informações mais antigas davam conta de que um ex-presidente de nossa República, afastado pela Justiça, exigia o Pétrus nos seus vôos internacionais.

Veio-me então à lembrança um artigo de Marcelino de Carvalho com versos de João Saraiva.[5]

Segundo ele, houve um momento – se é que há "momentos" entre os deuses – em que o deus Baco, ao descobrir que haviam dado sumiço na sua garrafa de Vinho do Porto, dirige-se furioso à assembléia do Olimpo:

"Por Júpiter! Fui roubado! E logo, ó maldição!
Dos meus vinhos, o melhor... Quem seria o (mau) ladrão?"

Sob o olhar estupefato dos deuses, o próprio Júpiter confessa ter sido o autor do mau passo, sem receio de dar suas razões e ressaltando sua confiança nas propriedades do doce tinto do Douro:

"Foi por ele que deixei o Néctar que eu bebia
E – o caso é de notar – nunca mais eu tive azia"

A ira de Baco se aplaca, é confortado por todos, retorna a alegria, Júpiter se desculpa brindando com o Porto surrupiado. Como um bom Porto costuma custar dez vezes menos que o Pétrus de nossos ex-presidentes, conclui-se que, em termos de vinho, o Olimpo está mais perto de nós do que o Planalto.

5 - No livro *A Arte de Beber* - Vide bibliografia.

77 | o jerez na festa de Babette

A Andaluzia elabora vinhos fortificados que levam o nome de jerez ou Xerez ou Sherry, alguns deles – Tio Pepe, La Ina, Lustau, Hidalgo, Barbadillo – facilmente encontráveis no Brasil.

Na região de jerez de la Frontera, o cultivo da vinha se dá em solos calcários – as albarizas – que refletem o calor do verão andaluz.

Sobre o vinho das uvas Palomino, secas ao Sol, forma-se a Flor – camada de leveduras que inibe a passagem do ar, reduz a oxidação e propicia longo período de *crianza* em barricas de carvalho. Completa o ciclo o sistema de Solera.

Conforme descrito no artigo de número 30 desta série, tudo isso leva a alguns tipos de vinhos bem secos, os mais populares sendo o Fino, o Amontillado e o Manzanilla.

O Amontillado, de cor castanha, se destaca pelos aromas de nozes e avelãs e teor elevado – de 17 a 18% –, o que o ajusta a sopas e consomés. Se você viu o filme *A Festa de Babette*, lembra-se que o primeiro prato foi sopa de Tartaruga acompanhada de Amontillado, o que deixou surpreso o oficial parisiense em sua passagem pela aldeia de Babette, isolada no norte da Dinamarca. Se ainda não viu, procure o vídeo. Imperdível.

78 | lendas e vinhos do médio Reno

Trecho lendário do Rio Reno, onde teriam se desenrolado as sagas do guerreiro Siegfried, o vencedor do Dragão, e de Loreley, a jovem seduzida que se vinga como sereia, o Médio Reno – *Mittelrhein* – se estende por cem quilômetros entre as cidades de Bingen e Bonn.

Castelos medievais em ruínas sucedem-se no topo das montanhas desse vale também conhecido como a Garganta do Reno.

A vinha é cultivada em terrenos íngremes, xistosos, com exposição solar direta e refletida no rio, e ótimo escoamento das chuvas pela presença da ardósia.

Um vinho tinto e dois brancos destacam a condição lendária do local.

O tinto "Drachenblut" – o sangue do dragão – da variedade Spätburgunder (ou seja, Pinot Noir) lembra a façanha de Siegfried, uma espécie de São Jorge germânico, que, segundo a lenda, enfrentou e venceu com sua espada um temível dragão em frente à cova do monstro.

O branco "Drachenfels" – a rocha do dragão – rememora a mesma história.

Já o delicado "Loreley Edel" leva o nome da sereia sedutora que atraía os marinheiros para a morte como vingança por sua passada desventura.

Os vinhos brancos Drachenfels e Lorelei Edel aliam à emoção do aspecto mítico o aroma floral e o incomparável equilíbrio entre acidez frutada e suavidade dos Riesling renanos.

79 | nomes de vinhos fora do comum

Saindo do habitual, falemos de vinhos com nomes curiosos que não seguem a estrada principal ou que, como as mulatas do Sargentelli, não estão no mapa.

- **Vinhos de café** (*vins de café*) – tintos simples, frutados, que atendem ao costume de cidades interioranas européias de se beber vinho em bares ou cafés.
- **Vinho de palha** (*vin de paille*) – licoroso perfumado e longevo, elaborado com uvas passificadas depois de estendidas sobre leitos de palha para secar.
- **Vinhos de sol** (*vins de Soleil*) – apelido carinhoso dado aos tintos de Saint Joseph, no Rhône Setentrional, pela magnífica exposição solar de suas encostas.
- **Vinho de gelo** (*vin de glace* ou *eiswein*) – vinhos de sobremesa elaborados com uvas congeladas, colhidas muito tardiamente em regiões de inverno rigoroso.
- **Vinho de pedra** – tradução equivocada de *Steinwein*, branco seco da Francônia procedente dos vinhedos da localidade de Stein, palavra alemã que se traduz por pedra, mas que aqui é nome próprio.
- **Vinho amarelo** – tradução ao pé da letra de *Vin Jaune*, branco seco do Jura, na França, com a cor amarelo-âmbar devida ao prolongado amadurecimento em barrica.
- **Vinho verde** – denominação dos vinhos brancos e tintos, elaborados no Minho, em Portugal, e que devem ser bebidos verdes, e não maduros, antes que percam sua discreta e refrescante efervescência.

80 | a Argentina portuguesa

No fim do século XIX, um viticultor pioneiro de Mendoza, de nome Samuel Flichman, escolheu a área de Barrancas, em Maipu, para cultivar suas videiras.

Em 1910, os familiares de Don Sami, aproveitando a existência daqueles vinhedos, estabeleceram um empreendimento no local com o nome de "Finca Flichman".

A propriedade familiar prosperou e sustentou três gerações até que foi transferida, em 1983, para uma empresa de grande porte.

Nessa época em que os vinhos da Argentina ainda não tinham o destaque internacional de hoje, o Caballero de la Cepa, da Finca Flichman, já se consagrara fora das fronteiras. Quinze anos mais tarde, aconteceria nova mudança.

A Sogrape, empresa líder do setor de vinhos em Portugal, pertencente à família portuguesa dos Guedes, adquiriu o controle da "Finca" e tratou de consolidar sua posição com expansão do cultivo, adoção de enotecnia avançada e ampliação das adegas, oferecendo os tintos e brancos Dedicado, Reserva e Varietais.

É assim que a antiga propriedade dos Flichman, quase centenária, é hoje um pedacinho do Portugal vitivinícola, assentado na base dos Andes, na vertente argentina.

81 | Lirac, Listrac, Loupiac, Lussac

Os nomes semelhantes dessas quatro sub-regiões escondem diferenças profundas, constituindo-se em uma armadilha para os compradores de vinhos franceses tanto nas lojas e restaurantes quanto através de catálogos ou da Internet.

A pequena área de Lirac, no Rhône Meridional, produz brancos, tintos e rosados secos. Os rosados e os tintos são da Grenache e da Cinsault. Os raros brancos, da casta Clairette, são jovens, aromáticos e leves.

O "Lirac Rosé" lembra o Tavel, seu vizinho, devendo ser consumido bem mais jovem, até o segundo ano. Os tintos de Lirac são alcoólicos e aromáticos, mas pouco longevos, com uma guarda máxima de cinco anos.

Já Listrac, Loupiac e Lussac são áreas de Bordeaux.

Listrac, no Médoc, é terra de tintos encorpados da Cabernet Sauvignon, Cabernet Franc e Merlot, com tempo de guarda de até 12 anos.

No sul bordalês, próximo a Sauternes, localiza-se Loupiac, onde são elaborados somente brancos licorosos da Sémillon e da Sauvignon Blanc. Deliciosos vinhos de sobremesa com preço mais em conta do que o vizinho famoso.

Finalmente, na Margem Direita, está Lussac, um satélite de Saint-Émilion, com predominância de tintos aveludados da Merlot e guarda de até oito anos. Sugiro anotar ou memorizar, para que não haja engano na compra...

82 | a riqueza dos Antinori

Na vinicultura italiana, a marca Antinori está associada à Toscana, com vinhos como o Chianti Classico Villa Antinori e os supertoscanos Tignanello e Solaia.

Uma história de setecentos anos envolve o nobre sobrenome florentino. Os descendentes de Rinuccino Antinori, cidadão da Florença medieval, enriqueceram-se exercitando a *arte maggiore* dos banqueiros até que, em 1385, um deles, Giovani di Pietro, trocou a cidade pelo interior, entregando-se à *arte minore* dos vinhateiros. Familiares o acusaram de estar *perdendo il senso del decoro*.

Quando outros Antinori também se afastaram, o ramo elitista decidiu não fazer mais nada, para não cair na vulgaridade, passando a viver de renda sob a divisa: "Mãos de Antinori não tocam Livros de Contabilidade" e, com o tempo, perdeu tudo.

O outro ramo seguiu as pegadas de Giovani di Pietro, fazendo do azeite e do vinho os recursos principais da família. Filas foram surgindo em frente a uma janela do térreo da Casa Antinori, por onde os florentinos estendiam dinheiro em troca dos frascos daqueles produtos do Chianti, no interior da Toscana.

Para lembrar tais fatos, base histórica da riqueza da família, o atual Palazzo Antinori mantém aberta ao público, ainda hoje, uma cantina onde podem ser provados e adquiridos os vinhos e o azeite assinados pelos Marqueses Piero e Ludovico Antinori.

83 | o aroma de banana do Beaujolais Nouveau

O Beaujolais Nouveau chega sempre na segunda quinzena de novembro. Quer dizer, colheita em setembro, vinificação em outubro, engarrafamento no início de novembro.

O que há de especial na sua elaboração que resulta naquele odor de banana, cuja intensidade varia ano a ano?

Conhecida como maceração carbônica, a vinificação dos Beaujolais acomoda bagos inteiros de uvas da casta Gamay em cubas hermeticamente fechadas, sob pressão.

Nessas condições, as enzimas da polpa são ativadas, verificando-se no interior do bago, nos dez primeiros dias, uma tímida transformação de açúcar em álcool com formação interna de gás.

É a Fermentação Intracelular – a "chave da ignição" da maceração carbônica – que cessa com a asfixia natural das células da polpa. O teor de ácido málico diminui enquanto se formam glicerina e outros compostos, entre eles o acetato de isoamila com seu odor de "banana amassada".

Com o esfacelamento dos bagos por pressão interna e pelo peso dos de cima, as leveduras passam a agir, agora sim, obtendo-se no final um tinto brilhante, frutado e leve, de pouca estrutura e vida breve, logo engarrafado e lançado no mercado.

E o aroma da banana estará no Nouveau, para nossa alegria, mais ou menos intenso, dependendo da concentração de acetato de isoamila naquele ano, para cada produtor.

84 | a casta Tannat no Uruguai e no Brasil

Originária do sudoeste da França, a casta Tannat foi aclimatada há mais de cem anos no Uruguai, onde tem sua maior área de cultivo em todo o mundo.

Seguindo-se à eleição do uruguaio *Pisano Tannat RPF* como o primeiro entre os tintos do Novo Mundo, em 2001, pela revista Decanter, da Inglaterra, as vinícolas uruguaias começaram a aparecer.

São exemplos entre nós a Bodega Castillo Viejo, com o *Tannat Catamayor*; o Establecimiento Juanicó, com o *Don Pascual Roble*; e a Calvinor, com o *Tannat Calvinor*.

Nos anos 90 a Serra Gaúcha seguiu o exemplo e a uva foi ali implantada com êxito, originando tintos situados entre os nossos melhores, como o *Tannat Dom Laurindo*, elaborado pela família Brandelli no Vale dos Vinhedos.

A Cooperativa Vinícola Aurora, de Bento Gonçalves, que a incluiu na série *Clos de Nobles*, também deposita esperanças na variedade.

Outros virão, certamente, tudo levando a crer que a Tannat, e não a Pinot Noir do Romanée-Conti, será a uva tinta do atual governo.

85 | duas mulheres, dois queijos, dois vinhos

Foi comemorado no ano de 2002 o aniversário de 300 anos do Camembert, pois, segundo consta, esse queijo passou a ostentar seu nome a partir de 1702.

Na forma em que o conhecemos hoje, porém, ele tem pouco mais de dois séculos, já que foi aperfeiçoado e dado a conhecer ao mundo em 1790 por uma certa Madame Harel, de Auge, na França, que fez dele o "príncipe dos queijos da Normandia".

De casca esbranquiçada, cremoso, discretamente salgado e picante, com 45% de gordura, o Camembert de Madame Harel requer um bom tinto seco, encorpado, que se distinga pela maciez. Sem erro, um Merlot do Pomerol, envelhecido.

Algo semelhante aconteceu na Inglaterra, naquela mesma época, envolvendo a esposa de um certo Mr. Paulet, granjeiro de Leicestershire.

Tendo aprendido com sua mãe os segredos da elaboração de queijos azuis, muito requisitados na Inglaterra, ela desenvolveu a fórmula que fez do Blue Stilton, com seus veios azuis abundantes distribuídos pela massa gordurosa, o "rei dos queijos britânicos".

Com 48% de gordura e sabor acentuado pelas incrustações, o Stilton, de Mrs. Paulet, tem como companheiro ideal um Porto Vintage, tinto doce fortificado português, elaborado somente em safras excepcionais.

86 | pioneiros de Napa Valley

Habitado até o início do século XIX somente por indígenas da tribo Wappo, o vale do Rio Napa, na Califórnia, deve a alguns pioneiros sua colonização de caráter europeu e seu desenvolvimento no campo enológico.

O primeiro foi George Yount, que implantou uma fazenda no vale, por volta de 1830, onde cultivou videiras para elaborar seu próprio vinho.

Ele teve seu nome imortalizado na cidade de Yountville, no centro do vale, em torno da qual são hoje encontradas as vinícolas Domaine Chandon, Cosentino, Trefethen e Cardinale.

Coube, dez anos mais tarde, ao médico Edward Bale a conquista de terrenos na parte norte do vale, onde desenvolveu um sítio com o nome infeliz de "Rancho Carne Humana".

Ainda hoje se pode visitar o moinho dessa propriedade – o Bale Grist Mill – entre Santa Helena e Calistoga. O nome do Dr. Bale ficou marcado na estrada "Bale Line", que tem nas suas proximidades a Sterling Vineyards e a Beringer Winery, muito procuradas por turistas e enófilos.

Seguiram-se outros, na segunda metade do século XIX. Charles Krug foi o fundador da Charles Krug Winery, adquirida mais tarde pela família Mondavi.

Os irmãos Beringer deram nome à Beringer Winery, e Jacob Schram, aos espumantes Schramsberg. Pioneiros que, com seu esforço e pertinácia, contribuíram para a transformação de Napa Valley no extraordinário centro vinícola atual.

87 | denominações espanholas pouco divulgadas

Quem percorre as páginas relativas à Espanha nos catálogos das importadoras, encontra diversas áreas vinícolas pouco conhecidas. Vamos dar um passeio por três delas, citando exemplares de seus vinhos encontráveis por aqui.

Rias Baixas se situa na Galícia, noroeste do país, e tem sua reputação baseada em vinhos brancos da casta Albariño, secos, fragrantes e florais.

Dispomos no Brasil do *Pazo de Señorans* (Importadora Mistral) e do *Burgans Bodegas Coda*x (Expand).

Um pouco mais a leste encontra-se a minúscula região de El Bierzo, com tintos leves da casta nativa Mencia, por exemplo, o *Mencia Vendimia Seleccionada Bodegas Beberibe* (Importadora World Wine)

Do outro lado da Catalunha, vamos encontrar o Penedés, próximo a Barcelona, que se distingue pelos espumantes – Cava – elaborados pelo método *Champenois* a partir das castas Parellada, Macabeo e Xarel-o.

Dentre estes, temos o Cava *Cuvée Reventós, top* de linha das Bodegas Codorniu (Importadora Impexco).

De Jumilla, em Valência, vem o *Carchelo Syrah*. De Terra Alta, na Catalunha, o *Mas d'en Pol Xavier Clua*. Em Somontano, no sopé dos Pireneus, a casta típica tinta é a Moristel, desconhecida entre nós, em geral associada à Tempranillo e Garnacha.

Por aqui encontramos os tintos *Vinãs Del Vero* de Somontano, entre os quais o expressivo Gran Vos Reserva. E assim por diante, todos eles apresentando, por serem bons e pouco conhecidos, atrativa relação qualidade-preço.

88 | novidades no Rio Grande do Sul

Uma excursão recente da ABS Rio à Serra Gaúcha, além de nos ter ilustrado sobre o presente estágio da vitivinicultura local, trouxe novidades dignas de menção.

Na viticultura, ao aumento da porcentagem de viníferas e do cultivo em espaldeira ou em lira soma-se a expansão dos vinhedos na Campanha Gaúcha, sul do Estado, com o número de variedades nobres se multiplicando.

É o Brasil à procura de sua casta emblemática, como o são a Tannat no Uruguai, a Malbec na Argentina, a Carmenère no Chile, a Zinfandel na Califórnia e a Pinotage na África do Sul. Qual será a nossa?

Na vinicultura, o uso de dispositivos a vácuo reduz o teor de água do mosto, concentrando açúcar e dispensando a chaptalização, recurso até há pouco tempo compulsório para elevar o teor alcoólico em anos medíocres e que vem sendo abandonado pelas vinícolas gaúchas na elaboração de seus vinhos *top* de linha.

A microbiologia possibilitou a seleção de leveduras que fermentam a temperaturas tão baixas como 6ºC, originando vinhos brancos frescos, com muita fruta. Ora testada entre nós, a descoberta vai exigir a revisão do conceito clássico de que a fermentação só se dá acima de 10ºC.

Notável extração de cor e estrutura nos tintos tem sido alcançada com a retirada de uma parte do suco na cuba, elevando a porcentagem de cascas no mosto. São avanços de nossa enologia, impensáveis até pouco tempo atrás.

89 | defeitos no vinho devido ao enxofre

Mesmo na degustação de vinhos renomados, podemos nos desapontar, às vezes, ao perceber aviltamentos no odor ou no gosto da bebida.

O cheiro de ovo podre, por exemplo, pode ser sentido logo que se abre a garrafa. Ele se deve à presença de gás sulfídrico originado tanto pela ação de leveduras que atacam o anidrido sulfuroso adicionado na fermentação quanto pelo uso de recipientes de higiene precária, contendo resíduos de enxofre.

Como o gás é evanescente, em geral basta uma decantação numa jarra de boca aberta, por uns 20 minutos, para que o odor desagradável desapareça. Já fiz isso e posso dizer que funciona para vinhos ainda não maduros.

Já o gosto de alho se deve à reação do álcool com o gás sulfídrico durante a conservação, sendo uma conseqüência do caso anterior. Verificado em vinhos maduros, não tem mais jeito: é jogar fora.

Tais defeitos podem ser eliminados na cantina se constatados antes do engarrafamento. O ideal, porém, é que o enólogo use técnicas que impeçam seu surgimento, pois o tratamento usual – arejamento e trasfegas – subtrai aromas e reduz o teor de álcool, por evaporação, empobrecendo o vinho.

90 | a parte que cabe aos anjos

Com sua cor dourada, o *vin jaune* – vinho amarelo – do Jura, no leste da França, apresenta um buquê de frutas secas, trufas e torradas e um retrogosto de nozes conhecido como *goût de jaune*, ou seja, se traduzido ao pé da letra, gosto de amarelo.

Entre nós, encontram-se exemplares do renomado *jaune* Château-Chalon, seco, longevo e encorpado, magnífico abridor do apetite ao estilo do Jerez.

Elaborado com a casta Savagnin colhida tardiamente, ele é apresentado em frasco de 620 ml, o *clavelin*, e se mantém por bastante tempo após a abertura da garrafa, pois o amadurecimento mínimo em carvalho é de seis anos.

Com tanto tempo em barrica, a perda por evaporação é significativa. Como é costume local arraigado não fazer uma reposição, ninguém na Terra há de beber uma parte do vinho elaborado, como se ela tivesse sido destinada aos céus.

Os franceses dão essa porção perdida como *la part des anges*. Sabendo disso, bebo desse vinho como se o estivesse compartilhando com meu Anjo da Guarda...

91 | os orgânicos do Atelier do Vinho

Consagrado no campo enológico brasileiro, no qual é indelevelmente associado à marca "Velho do Museu", o professor Juan Carrau-Bonomi é um empreendedor com as múltiplas facetas de biólogo, bioquímico, pesquisador e, sobretudo, filósofo.

Como tal, convenceu-se de que o futuro está no Vinho Orgânico. Tendo criado em Caxias do Sul o que chamou de Atelier do Vinho, responde por exemplares nacionais de uvas nobres da Serra e da Campanha Gaúcha...

Sua façanha mais recente foi a certificação internacional, como Vinho Orgânico, de seus tintos e brancos da série "Juan Carrau Biológico" – Cabernet Sauvignon, Sémillon e Gewürztraminer – junto ao Instituto Biodinâmico de São Paulo.

Para isso, os vinhedos próprios do Cerro do Chapéu, em Santana do Livramento, receberam somente fertilização verde e húmus de minhoca. Não foram usados pesticidas, substituídos por adubos orgânicos.

O pioneirismo de Carrau confere ao seu Cabernet Sauvignon Biológico o título de primeiro tinto orgânico do Brasil.

Pode ser o início de uma nova história...

92 | a decepção do jovem Miguel Torres

Hoje consagrado pelo rumo que deu à vinícola paterna, obtendo exemplares aclamados como o "Gran Coronas", o espanhol Miguel Torres foi testemunha viva do equilíbrio que deve ser mantido entre Ciência e Tradição na elaboração de vinhos.

Enólogo pela Universidade de Dijon, usou dos conhecimentos adquiridos em sala para fazer seu primeiro engarrafamento, ainda antes de servir o Exército.

Respaldado pelo título e pela posição, impôs-se ao seu experimentado Mestre de Adega na decisão sobre a clarificação daquelas 40 mil garrafas.

De um lado, a tradição rezando "sempre fizemos assim". Do outro, as idéias inovadoras assentadas na ciência.

Não demorou muito a sofrer dura lição. Antes do juramento da bandeira, seu pai se apresenta no "quartel" com uma caixa do vinho em questão, apresentando turvação e sedimentos.

A surpresa foi maiúscula, a decepção extraordinária. Segundo os livros e a ciência, aquilo não poderia acontecer, mas teve que se curvar ao velho *bodeguero*.

Compreendeu então que a ciência não deve ser uma inimiga da tradição. Que se deve combinar o uso dos avanços científicos com o respeito a uma herança secular.

Que é básico para o enólogo saber que seu trabalho não é uma rotina, e sim esforço continuado.

Que os vinhos vivem e evoluem e que, para obtê-los com qualidade, não se pode contar somente com as regras fixas da ciência.

93 | o início da festa da uva

Por volta de 1930, a Coletoria Estadual de Caxias do Sul tinha em Joaquim Pedro Lisboa, gaúcho natural de Rio Pardo, o funcionário encarregado dos contatos com os viticultores da região serrana.

De ascendência portuguesa e interessado por uvas e vinhos, o coletor constatava em suas viagens que, em meio às castas americanas predominantes, havia uma outra pequena que vinha de uvas nobres tidas em alta conta pelos proprietários.

Sabendo que desde a época do Império eram promovidas exposições diversas na região, trocou idéias com caxienses seus conhecidos, encontrando receptividade e apoio para um evento na cidade dedicado exclusivamente à Uva na época da colheita.

Foi assim que em fevereiro de 1931 realizou-se no Recreio da Juventude, no centro de Caxias do Sul, com prateleiras cedidas pela Prefeitura e uvas dos colonos, a exposição batizada como Festa da Uva. Ela se repetiu nos seis anos seguintes.

Interrompida em 1937, foi retomada em 1950 por ocasião dos 75 anos da colonização italiana, agora na Praça da Catedral e com a presença de Getúlio Vargas, recém eleito presidente da República.

Em 2006, serão comemorados os 75 anos da Festa da Uva. Não mais a acanhada exposição do coletor, mas um magnífico festival agro-industrial-artístico de âmbito internacional, em amplo local próprio, nas vizinhanças de Caxias.

94 | a família Ricasoli e o castelo di Brolio

Sobre uma colina em meio aos vinhedos do Chianti Clássico, ergue-se o castelo de Brolio, raro exemplo de arquitetura militar renascentista.

Destruído e reconstruído muitas vezes ao longo do tempo, ele é hoje a sede vinícola dos Ricasoli, cujos antepassados o ergueram, pela primeira vez, há mais de 800 anos.

A palavra *Brolio* vem do latim *brogiilum*, campo de cultivo. Na Idade Média nunca se estava em paz nesses campos. Os exércitos passantes pisoteavam os vinhedos, alarmes soavam, camponeses se refugiavam dentro dos muros. Portões eram arrombados, os invasores massacravam os vencidos e desciam às adegas para se assenhorear das pipas de vinho.

Terminado o saque, o resto era queimado e demolido. Cedo ou tarde, contudo, reconstruía-se o castelo, as videiras voltavam a florir e frutificar, as pipas de vinho voltavam às adegas.

Séculos depois sobreviria a paz e assim, por volta de 1860, o Barão Bettino Ricasoli teve a tranqüilidade para estabelecer, em Brolio, a fórmula tradicional do chianti clássico, com duas uvas tintas e duas brancas.

As crises do século XX transferiram a propriedade vinícola para uma empresa multinacional, mas ela foi retomada pelos Ricasoli em 1993.

O nobre sobrenome voltou à fama com a elaboração renovada, mas sempre na esteira da tradição familiar, do delicioso Chianti Clássico Castello di Brolio.

95 | espumantes de Budapeste

Ainda que conhecida somente pelo seu Tokaji, magnífico vinho de sobremesa, objeto do número sete desta série de artigos, a Hungria tem uma vitivinicultura milenar, localizada nos vales dos rios Danúbio e Tisza e nas colinas do Lago Balaton.

A elaboração de espumantes se concentra nas vizinhanças de Budapeste, atualmente na moda no Brasil, tanto pelo enorme afluxo de turistas brasileiros quanto pelo romance de Chico Buarque que leva no título o nome da cidade.

No século XIX o atual bairro de Budafok era uma aldeia separada, onde se estabeleceu uma dezena de vinícolas destinadas a suprir a capital com espumantes.

Grande parte delas não suportou as crises político-econômicas do século XX e fechou as portas. Sobreviveram, porém, duas rivais – a Törley e a François – que, através de concorrência acirrada, ganharam reputação e popularidade.

Por volta de 1980 a Törley comprou o direito de uso da marca rival, renovou suas instalações e retomou a elaboração de espumantes pelo Método Champenois, passando a dominar o mercado local, sempre crescente com o enorme afluxo turístico que sucedeu a queda do socialismo e a independência em relação à Rússia, com os espumantes Törley e François.

Uma chance especial de se provar esses espumantes é por ocasião do Festival Internacional do Vinho de Budapeste, realizado anualmente em meados de setembro.

96 | dois vinhos para a raclette

Para quem ainda não sabe, dá-se o nome de Raclette não a um queijo específico, mas a um numeroso grupo de queijos semiduros, de leite de vaca, com massa amanteigada e casca áspera, entre eles os suíços Simplon, Bagnes, Gomser e Heida e outros encontráveis no Brasil.

Seu nome não se relaciona com o queijo propriamente dito, mas com o modo como ele é servido.

Partido em duas metades, aproxima-se do fogo a superfície de corte. Antes que caia derretido, ele é raspado – daí *Raclette*, raspador, em francês – e colocado quente no prato, acompanhado de pequenos pepinos, batatas na casca, cebolinhas e coisas do gênero.

Na escolha do vinho há que se considerar o elevado grau de gordura, na faixa de 50%, a consistência da massa de cor dourada, saborosa e um tanto frutada, servida quente.

Isso implora por um branco seco jovem, sem madeira, ao estilo dos Sauvignon Blanc bordaleses (Bordeaux Blanc Sec), neozelandeses (Marlborough) ou chilenos.

Havendo disposição para algo mais forte, um Jerez Fino bem refrescado faria bela figura, excelente opção para um alegre encontro entre amigos, em casa.

97 | Bordeaux invade o Chile

As excelentes condições do Chile para o cultivo da Vitis Vinifera atraíram para o país andino muitos vinicultores de fora, franceses, espanhóis, californianos, fazendo com que atualmente cerca de 40% das mais prestigiosas *bodegas* chilenas tenham algum tipo de participação externa. Entre os franceses incluem-se renomadas vinícolas de Bordeaux.

Os herdeiros do Barão Phillipe de Rotschild elaboram isoladamente o "Escudo Rojo" e, em associação com a Concha y Toro, o caro e sofisticado "Almaviva".

A Viña de Larose, produtora do "Viña Alamosa", é de propriedade do Château Larose-Trintaudon, do Médoc.

O Château Laffite-Rotschild, também do Médoc, associou-se à vinícola Santa Rita para formar a Bodega Los Vascos.

Nomes bordaleses de destaque, como Michel Rolland, Paul Pontallier, Bruno Prats e Thierry Villard, mantêm interesses no Chile.

Eles constituem importante reforço para os chilenos em seus esforços para não serem superados na competição internacional pelo título de melhor relação qualidade-preço, que os vinhos do Chile ainda detêm.

98 | adjetivos nos vinhos portugueses

Com seu número enorme e crescente de vinhos diferentes, os portugueses se valem de diversos modos para nomeá-los nos rótulos.

Um deles é adjetivar um substantivo, seja antes dele, como no Alta Mesa, ou depois, como no Pêra Manca ("pedra desequilibrada"). Exemplo famoso ocorre no Barca Velha, infelizmente em vias de extinção.

Há algo de mensuração nos Meia Pipa, Meia Encosta, Duas Quintas, Dois Bagos, Três Bagos e Sete Encostas. Se Setúbal oferece Má Partilha, a região do Dão contrapõe com Boas Quintas.

O Casal Branco, do Ribatejo, parece resposta ao Manta Preta, da Estremadura. A Importadora Terroir oferece o Maria Mansa, do Douro, enquanto que a Mistral nos traz o Prova Régia, de Bucelas.

Terra Franca, Monte Velho, Terras Altas, Caves Velhas e Bons Ares são outros nomes conhecidos de uma lista que pode ser bem maior.

E o adjetivo *vedro* (=antigo), há muito tempo em desuso, enfeitava o nome Torres Vedras da maior Cooperativa vinícola da Estremadura, ao norte de Lisboa.

99 | a pinot noir na costa oeste americana

Ainda que sua aclimatação, cultivo e vinificação sejam difíceis e trabalhosos, a variedade tinta Pinot Noir tem sido uma tentação para os produtores americanos pelo menos por duas razões.

Primeira, a tentativa, frustrada em geral, de se aproximar da qualidade dos tintos borgonheses, em geral de preço elevado.

Segunda, o uso generalizado dela nos espumantes elaborados pelo Método Champenois, ou seja, pelo processo de espumatização clássico da Champagne.

Não requerendo cortes com outras castas, a não ser nos espumantes, seus vinhos tranqüilos são 100% varietais com atributos comuns, como a cor rubi clara e o aroma frutado, em que prevalece a cereja e o cassis, em certos casos, e a amora, a framboesa e o morango, em outros.

Fortemente dependente das condições climáticas, a Pinot Noir nos Estados Unidos está presente em áreas frescas da Califórnia, como Carneros e o Russian River Valley, e do Estado de Oregon, particularmente no vale de Willamete.

Na Califórnia as diferenças entre safras não são críticas e as temperaturas não são muito baixas. Nesse caso, os aromas da Pinot Noir tendem para a cereja e os teores alcoólicos são mais elevados, como ocorre no Buena Vista Pinot Noir Carneros Grand Reserve e no Kenwood Pinot Noir Russian River.

No Oregon, bem mais fresco, o clima e as condições aproximam-se daqueles da Bourgogne. O frutado puxa para a framboesa e o morango, o vinho é mais leve e sofisticado e os teores alcoólicos são medianos, como no Oregon Pinot Noir Domaine Drouhin, por sinal uma casa com sede na França.

100 | um olhar sobre o Cone Sul

As regiões e países de tradição vinícola da parte sul da América do Sul passaram por um dramático período de ajustamento nos últimos 30 anos do século XX em termos de cultivo de uvas viníferas e elaboração de vinhos finos. Para evitar interpretações imprecisas, torna-se útil delimitar a área a que nos referimos.

O limite norte é o paralelo 25 Sul, que passa por Salta, no noroeste da Argentina, e por Curitiba, capital do Paraná, no Brasil. O limite sul está no paralelo 40, que passa pelo alto Rio Negro, já na Patagônia. Essa área divide com a Ilha Sul da Nova Zelândia o título de região mais ao sul que existe no mundo do vinho. Os limites leste e oeste são o Atlântico e o Pacífico.

Em conseqüência dos esforços para melhorar a qualidade, ampliar mercados internos e conquistar mercados externos, consolidaram-se nesse quase retângulo quatro grandes áreas, a saber, os Andes, a Patagônia, os Pampas e a Serra Gaúcha.

A região andina, com Mendoza na vertente leste da Cordilheira e com o Vale Central chileno na sua vertente oeste, destaca-se internacionalmente com seus tintos estruturados e alcoólicos, em particular os das castas regionais emblemáticas, a Malbec, no lado argentino, e a Carmenère, no lado chileno.

O vinho andino é uma realidade atual, consolidada. A Patagônia acha-se em fase de afirmação. Seus poucos produtores – Humberto Canale entre eles – ainda estão à procura de uma definição e de um nicho de mercado. Estão ali, contudo, ótimas perspectivas para o cultivo de viníferas brancas e para a elaboração de vinhos brancos superiores, da Sauvignon Blanc e da Sémillon, talvez.

O Pampa inclui áreas do Uruguai – com seus Tannat de bom tamanho – e da Campanha Gaúcha, no lado brasileiro, em fase de experimentação consistente e encorajadora de viticultura moderna e cuidadosa, parcialmente com cultivo orgânico.

A família Miolo, por exemplo, instalou ali a Quinta do Seival e está aclimatando variedades portuguesas no local.

Na Serra Gaúcha verifica-se notável progresso na obtenção de tintos de qualidade superior das castas européias tradicionais, ainda que em volumes pequenos.

A vocação de qualidade superlativa da área continua sendo para os espumantes. Constrói-se ali, paulatinamente, a Champagne das Américas.

Ressalte-se, contudo, que a área está sendo ampliada com a incorporação, no norte do Rio Grande do Sul, dos campos de cima da serra, a mil metros de altitude, como em Mendoza.

Não tenho dúvidas em prever para dentro de três a cinco anos – escrevo em 2005 – uma posição destacada do Cone Sul no mundo dos vinhos, alterando significativamente a forma distanciada e pouco reverente com que os Atlas Enológicos tratavam essa região no século passado.

Terceira Parte

Os dez ensaios que se seguem ultrapassaram o tempo em que veio a idéia de fazer esta obra. Apenas por isso, talvez também por serem mais recentes, eles constituem uma terceira parte.

Revendo-os em conjunto, noto que, curiosamente, cada um dos dez pertence em separado aos temas que foram várias vezes tratados na primeira e na segunda partes.

O Novo Mundo se vê representado pelo Brasil, duas vezes, Argentina e Austrália.

O Velho Mundo, por sub-regiões de Bordeaux. Os demais são artigos técnicos, incluindo uma incursão pela relação entre o vinho e a saúde.

101 | na Austrália ocidental

O pequeno Rio Swan, que desemboca na cidade de Perth na costa oeste australiana, forma um vale que se constitui na mais quente das regiões litorâneas da Austrália Ocidental (Western Austrália).

Até os anos 80 era essa a principal área de cultivo de uvas viníferas do extremo oeste da Austrália. Com o deslocamento para áreas mais frescas ao sul, em especial no Margaret River, reduziu-se a importância relativa do Swan Valley.

Não diminuiu, entretanto, sua relevância internacional em termos enológicos, que se mantém graças a vinícolas de renome como a Houghton Winery, a Sandalford Wines e a Evans & Tate. Todas aclimataram variedades européias diversas, com êxito.

A Houghton é a mais conhecida das antigas *wineries* da costa oeste e dela provém o clássico australiano Houghton Supreme, além de tintos da Cabernet Sauvignon e da Shiraz e brancos da Verdelho, proveniente da Ilha da Madeira, Portugal, e da Chenin Blanc, originária do Vale do Loire, na França.

A vinícola Sandalford se divide entre o Swan Valley e a área do Margaret River com seus vinhos da curiosa série "Element", disponíveis no Brasil. Tintos de Merlot, Shiraz e Grenache e brancos de Chenin Blanc, Verdelho e Riesling, respectivamente da França, de Portugal e da Alemanha.

E, para não pecar por omissão, citemos o branco da casta francesa Sémillon, da vinícola Evans & Tate, ainda que esta empresa esteja concentrada atualmente em Margaret River.

102 | o oitavo ano de Pedra Azul

Há exatos dez anos – estamos em 2005 – realizava-se no Rio Grande do Sul um evento de enófilos brasileiros denominado Primeiro Encontro Nacional dos Amigos do Vinho.

O representante capixaba ali presente – o médico enófilo Roberto Serpa – conseguiu convencer seus pares a levar o evento seguinte para o Espírito Santo, Estado cuja importância no conhecimento e consumo de vinhos finos era então pouco ou nada conhecida. Realizou-se assim o segundo encontro, em 1997, no Parque Estadual da Pedra Azul, nome derivado de um rochedo alto, vistoso e azulado que se impõe na paisagem local. Quem passa pela rodovia Vitória-BH o conhece bem.

Com o sucesso do empreendimento, os promotores não tiveram dúvida em ampliar o escopo do encontro, que passou a ser, a partir de 1998, o Encontro Internacional do Vinho do Espírito Santo.

No fim de julho de 2004, ele chegou à sua oitava versão, consolidado e considerado por muitos participantes, do Brasil e do exterior, como o maior evento de vinhos do Hemisfério Sul.

A localidade de Pedra Azul, antes habitada esparsamente, é hoje uma cidade à margem da BR-262 contando em seus arredores com hotéis de categoria e mansões cinematográficas, cujos proprietários alardeiam as vantagens do clima regional a 700 e tantos metros de altitude.

Dezenas de palestrantes brasileiros e estrangeiros, de 14 países, já deixaram ali sua contribuição entre palestras e degustações dirigidas.

O autor destas linhas, palestrante de todos os encontros havidos até hoje, foi convidado desde a primeira hora, devido às suas atividades na Associação Brasileira de Sommeliers, do Rio, para a qual ele transfere as honras correspondentes.

103 | com aroma de framboesa

Arbusto dos bosques de países do hemisfério Norte, a framboeseira é cultivada no sul do Brasil em locais de clima europeu.

Seu fruto vermelho aromático – a framboesa – aparece nas fichas analíticas de degustação entre os "pequenos frutos do bosque", ainda que isso não seja uma coisa tipicamente brasileira.[1]

Entre nós seu aroma é mais conhecido sob a forma de geléia. A framboesa tem sido usada desde tempos remotos para fazer geléias, por sua riqueza em pectinas.

Essa antigüidade pode ser deduzida de seu nome botânico, *rubus idaeus*, isto é, "a sarça do Monte Ida", referindo-se à montanha de Creta onde, segundo a Mitologia Grega, Zeus teria nascido.

Terminei recentemente um levantamento dos aromas predominantes em cerca de 200 vinhos tintos diversos e posso afirmar que o aroma de framboesa é o mais freqüente entre eles, sob forma de fruta fresca nos tintos jovens, de fruta madura amassada nos tintos maduros e de geléia de framboesa nos tintos envelhecidos.

Caso você não tenha se dado conta disso, sugiro procurá-lo na sua próxima degustação de algum Cabernet Franc, Merlot, Pinot Noir, Syrah ou Tempranillo europeu ou nos Malbec, Tannat, Carmenère e Zinfandel das Américas.

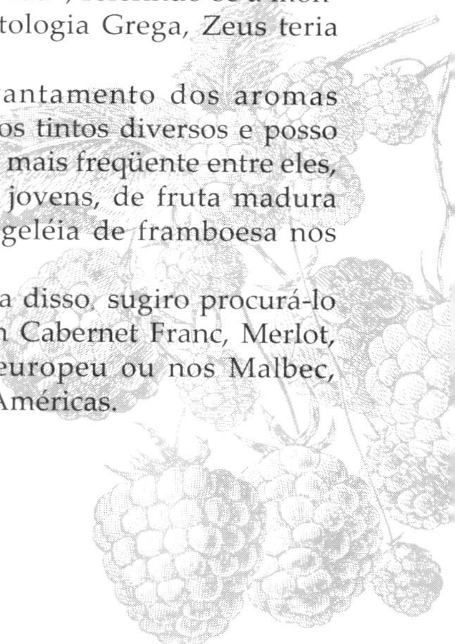

1– O aroma de framboesa é perceptível em boa parte dos tintos. Deve-se à Frambinona (ou Fenilbutanona), substância da família das cetonas com cheiro de framboesa que se forma na fermentação. Trata-se, portanto, de um aroma secundário. Ainda que universal nos tintos, a nuance é particularmente notável nos varietais da Zinfandel (Califórnia), da Pinot Noir (Borgonha), da Gamay (Beaujolais) e da Cabernet Franc (Loire).

104 | a madeira e o carvalho no gosto do vinho

Não estando pronto para o consumo quando do término das fermentações, o vinho de qualidade deve passar por uma "quarentena" antes do engarrafamento – o amadurecimento – durante a qual ocorrem sedimentações e as turvações são eliminadas.

A maioria dos tintos e pequena parte dos brancos estacionam durante esse período em recipientes de madeira, não sendo de surpreender que a imagem do vinho esteja associada a barricas e tonéis.

No interior das barricas e tonéis, submetido a condições moderadas de oxigenação, ele se estabiliza e se afina, recebendo a influência da madeira.

Tal influência vai mais além se a madeira é o Carvalho, que comunica ao vinho princípios aromáticos de sua composição – a baunilha da Vanilina, o coco da Lactona... – e do seu tostado interno – o caramelo do Maltol, o chocolate da Pirazina... sem anular o frutado e o frescor da bebida.

As propostas quanto ao leque aromático do vinho tornaram-se numerosas ao contar com os recursos relacionados com o carvalho:

- o grau do tostado (mais ou menos intenso)
- o tipo de secagem (natural ou em estufas)
- a idade da barrica (nova ou usada)
- o tipo botânico (carvalho europeu ou carvalho americano)

Tudo isso sem falar na tendência de generalização do uso de cavacos ou pranchas de carvalho no interior da massa vínica, durante o amadurecimento e antes do engarrafamento, para fixar o gosto amadeirado.

105 | três pequenas côtes de Bordeaux

A chamada "margem direita" de Bordeaux é associada a Saint Emilion e Pomerol, seus nomes mais expressivos, e portanto a vinhos muito caros, o Pétrus entre eles.

Saindo do usual, destacamos aqui três sub-regiões dessa área, pouco citadas mas produtoras de tintos simples deliciosos, mais em conta que os acima citados, em que também predomina a Merlot.

As Côtes de Bourg são uma sucessão de encostas voltadas para o sul no cantão de Bourg, à margem do Rio Gironde. Seus tintos são de médio corpo, aromáticos (amoras, caramelo), com longevidade de até dez anos.

Entre nós podem ser encontrados os chateaux Lês Aubarèdes (Club du Taste-Vin), La Rose Coubet (World Wine) e Haut Guiraud (Terroir).

As Côtes de Castillon, com solos argilosos e terrenos de cascalhos, são um prolongamento para leste dos afamados vinhedos de Saint Emilion. Inicialmente rústicos, seus vinhos envelhecem bem, podendo chegar aos 15 anos.

Encontram-se por aqui os Chàteaux La Tuilerie (Importadora Expand), Cap de Faugères (Mistral) e Rocbonnière (Taste-Vin).

As Côtes de Francs, também conhecidas como Bordeaux – Côtes de Francs são uma pequenina área na fronteira norte de Castillons –; elaboram tintos medianamente robustos e taninosos, de vinhedos cultivados em colinas elevadas de solo argilo-calcário.

Seu nome mais afamado, o Château Puyfromage, se localiza em uma dessas elevações, a que os franceses chamam de *butte*. Outras vinícolas encontram-se no Château de Puygueraud, no Château de Francs e no Château Laclaverie.

106 | o "caso Greco" e a renovação mendocina

Se você dialoga na cidade de Mendoza, Argentina, com alguém com mais de 30 anos, há de saber das incertezas que cercam a biografia do empresário portenho Héctor Greco (1928–1988). Dedicado nos anos 70 ao volumoso mercado argentino de vinhos comuns, ele movimentou uma dinheirama que soube multiplicar em tempos fortemente inflacionários. Assumia dívidas que devolvia desvalorizadas para armazenar a bebida que revendia valorizada.

Rico e influente, foi proprietário de jornal e dono de um banco importante que acabou falindo quando suas próprias empresas eram as grandes devedoras da instituição.

Vigiado e investigado pelo regime militar, ficou preso por mais de um ano. Quando de sua morte, aos 60 anos de idade, em acidente de carro, estava tão encrencado em processos legais que seus familiares nada herdariam da fortuna que ele conseguira amealhar. Os dados acima, do guia *Viñas Bodegas & Vinos* (Editora Austral Spectator, Buenos Aires, 2003) mostram o simbolismo do fim da "Era Greco", dos vinhos argentinos medíocres para o mercado interno.

De 1988 em diante, a vinicultura mendocina passaria a receber os investimentos em melhoria e expansão que a colocariam, passados apenas 15 anos, no lugar de destaque que ora ocupa no mercado internacional de vinhos de qualidade.

107 | certas propriedades preventivas do vinho

A ciência médica nos ensina que as proteínas de alta densidade (HDL) do sangue representam um bem para o sistema circulatório. Elas removem o colesterol da periferia dos tecidos, transportando-o para o fígado, onde é excretado.

As proteínas de baixa densidade (LDL) representam um mal, pois transportam o colesterol para os tecidos, favorecendo a deposição de gorduras e a obstrução dos vasos sanguíneos.

O vinho contém álcool etílico e glicerina. O primeiro tende a aumentar o HDL, o bem, e a reduzir o LDL, o mal, o que é bom, enquanto que a segunda reduz a quantidade de gordura por esterificação, o que é ótimo.

Outra causa de obstrução da circulação sanguínea é a aderência de plaquetas do sangue no revestimento dos vasos, diminuindo-lhes o diâmetro interno.

O vinho conta, comprovadamente, com pelo menos duas substâncias antiplaquetárias. Uma é o ácido gentísico, antioxidante existente na Genciana e nas Uvas, de estrutura molecular semelhante à aspirina.[2] A outra – um polifenol produzido pelas folhas da videira, para enfrentar fungos, e dali transportado para os cachos – tem o nome de Resveratrol por ter sido descoberta em 1990 na planta "Veratrum".

Evitando a obstrução dos vasos sanguíneos por contar com tais componentes, o vinho consumido moderadamente – especialmente o tinto – vem sendo reconhecido como auxiliar eficiente na prevenção de acidentes cardiovasculares.

2 – A raiz da Genciana é conhecida por conter um extrato amargo, estimulante do suco gástrico. A Gentisina, corante extraído da Genciana, dá origem ao ácido gentísico por fusão alcalina. Presente no vinho em pequenas quantidades, ele é reconhecido como inibidor da formação de plaquetas no sangue e redutor de fatores coagulantes.

108 | baunilha versus caramelo

Quem se habituou à degustação de vinhos sabe da dificuldade em discernir entre os aromas de baunilha e de caramelo. Como esse último nada mais é do que açúcar queimado, um modo prático de se decidir por um deles é procurar certo tostado aliado à nuance adocicada e cremosa de ambos. Com o tostado é caramelo, sem o tostado é baunilha.

Os dois odores se desenvolvem no vinho a partir da mesma substância, a Vanilina, componente da madeira, sendo, portanto, aromas terciários de vinhos amadurecidos em barrica. A baunilha é nítida nos brancos barricados da Chardonnay – da Bourgogne, da Califórnia – e nos tintos de estilo bordalês – de Bordeaux, do Chile – devido à simbiose da Cabernet Sauvignon e da Merlot com o carvalho francês. Nesse caso, o aroma da Vanilina, que lembra o sorvete de creme, aflora de forma direta ou esterificada como vanilato de etila.[3]

Já a vinificação especial de vinhos doces naturais – como o Banyuls e os Moscatéis de Setúbal e de Pantelleria – provoca o surgimento do maltol, que lhes comunica um odor caramelado. A caramelização dos tintos se dá também pelo contato com a madeira tostada da barrica. É por isso que entre os tintos secos mais representativos do odor de caramelo encontram-se os Rioja e os Ribera del Duero Reserva e Gran Reserva, amadurecidos por dois anos em carvalho.[4]

3 – A Vanilina se desenvolve a partir da Lignina que compõe a parte fibrosa da madeira. No vinho ela não tem um odor tão pronunciado, pois se esterifica em vanilato de etila. È marcante, sobretudo, nos vinhos tintos amadurecidos em barricas de carvalho francês (Bordeaux).

4– O leque aromático do vinho amadurecido em barricas de carvalho está relacionado com o grau de tostado das aduelas da barrica, que pode ser forte, médio ou fraco. Sendo de médio para forte, o açúcar da madeira – a Xilose – é queimado, enriquecendo o vinho com nuances carameladas. Esse fato é particularmente perceptível nos tintos que passaram por carvalho americano, como os espanhóis da Rioja e de Ribera del Duero.

109 | vinhos do Rheingau no Brasil

A região alemã do Rheingau – ao pé da letra, distrito do Reno – está localizada na margem direita do Rio Reno, a cinqüenta graus de latitude norte, acima do paralelo que passa pela Champagne; portanto, funciona como centro nervoso da vitivinicultura germânica.

A área de cultivo apresenta vinhedos seguidos, com preponderância da uva Riesling, nas margens inclinadas de um trecho em que o rio, excepcionalmente, flui de leste para oeste.

Trata-se de região tranqüilamente bela e rica em tradições. Pela importância dada na região, já no século XVIII, para a época da colheita, nasceu ali a classificação particular utilizada na Alemanha, denominada *Qualitätswein mit Prädikat*, ou seja, vinhos de qualidade com uma distinção.

Encontra-se também no Rheingau o Instituto de Ensino e Pesquisa de Geisenheim, responsável pelo desenvolvimento de várias espécies novas, entre elas a Muller-Thurgau, a uva branca mais plantada na Alemanha.

A palavra inglesa *hock*, que significa vinho branco alemão, vem do nome da cidade de Hochheim, no Rheingau. Estão ali algumas das mais conceituadas propriedades da Alemanha, com brancos refinados, da uva Riesling.

Entre eles, estão representados no Brasil os das vinícolas Domdechant Werner, Robert Weil, Balthasar Hess e Schloss Vollrads.

110 | aromas bizarros, detalhes curiosos

A segunda metade do século passado assistiu ao advento de entidades voltadas para o conhecimento do vinho, tais como a Sociedade Brasileira dos Amigos do Vinho e a Associação Brasileira de Sommeliers, por exemplo, não ligadas nem ao comércio nem às vinícolas.

Com isso vem sendo criada no Brasil uma geração de enófilos e conhecedores, inexistente há vinte e poucos anos. Essa geração está se aprofundando no reconhecimento dos aromas, antes limitado ao trivial como o àbacaxi, a maçã e os cítricos nos brancos e a amora e a madeira nos tintos.

Hoje são reconhecidos também odores bizarros, impraticáveis para a maioria e motivo de chacota para artigos em revistas não especializadas, tais como o querosene na Riesling, a pedra de isqueiro do Chablis, a estrebaria do Bourgogne, o pipi-de-chat da Sauvignon Blanc. Na conquista amorosa à antiga, bastava a alusão ao vinho tinto.

– *Vinho tinto? Maravilha!* ... Era simples, rápido, eficaz.

Hoje, a exigência é outra. Sugere-se um excelente tinto e a reação há de ser: – Novo Mundo ou Velho Mundo? Malbec ou Merlot? Treze por cento ou mais? Madeira americana ou francesa? Torrefação ou especiarias? E assim vai. É complexo, demorado e dependente.

Presenciei recentemente um fato ilustrativo desta nova fase. Tendo derramado vinho tinto na camisa do namorado, a jovem voltou-se para mim, angustiada, perguntando o que fazer. Sem muita convicção, informei, como é usual, que mancha de vinho tinto sai com vinho branco. E ela, insatisfeita, querendo detalhes:

– *Chardonnay ou Sauvignon Blanc?*

Bibliografia

MIELE, Alberto; MIOLO, Adriano . *O sabor do vinho.* Bento Gonçalves, RS: Miolo & Embrapa, 2003.

CARVALHO, Bento de. *Guia dos vinhos portugueses.* Lisboa: Editora Presença, 1982.

ANDERSON, Burton. *The pocket guide to italian wines.* New York: Simon and Schuster, 1982.

Diversos autores. *Histórias de vinhos.* Porto Alegre: L&PM Editores, 1980.

MCCARTHY, Ed; MULLIGAN, Mary E. *Vinho para leigos.* São Paulo: Editora Mandarim, 1996.

PEYNAUD, Émile. *Conhecer e trabalhar o vinho.* Lisboa: Editora Litexa, 1993.

Grande enciclopédia Larousse Cultural. São Paulo: Editora Nova Cultural, 1998.

VIOTTI, Eduardo. *Guia dos vinhos brasileiros.* São Paulo: Editora Market Press, 2002.

BORGES, Euclides Penedo. *ABC ilustrado da vinha e do vinho.* Rio de Janeiro: Mauad Editora, 2004.

GARRIER, G. *Histoire sociale e culturelle du vin.* Paris: Editions Larousse, 1998.

JOHNSON, Hugh. *Guia de vinhos 2003.* São Paulo: Companhia das Letras, 2002.

PAZ, Ivoni; BALDISSEROTTO, Isabel. *A estação do vinho.* Caxias do Sul, RS: Universidade de Caxias do Sul , 1997.

SIMON, Joanna. *Vinho e comida.* São Paulo: Companhia das Letras, 2000.

GALVÃO, Saul. *Tintos e brancos.* São Paulo: Editora Ática, 1997.

SANTOS, Sérgio de Paula. *Os caminhos de Baco.* São Paulo: Editora Queiroz, 1984.

CARVALHO, Marcelino de. *A arte de beber.* Rio de Janeiro: Editora Civilização Brasileira, 1963.

CHATELAIN-COURTOIS, Martine. *Les mots du vin e de l'ivresse.* Paris: Éditions Belin, 2001.

REAL, Mauro Corte. *A arte de beber vinhos.* Porto Alegre, RS: Editora Sulina, 1984.

MOISEEF, Michaël; CASAMAYOR, Pierre. *Arômes du vin.* Paris: Hachette Pratique, 2002.

MASTROJANNI, Michel. *Guide des vins de France.* Paris: Éditions Solar, 1994.

TORRES, Miguel. *Viñas e viños.* Barcelona: Editora Blume, 1980.

MORETTO, Paulina Soldatelli. *A caminhada dos Soldatelli.* Caxias, RS: Universidade de Caxias do Sul, 1991.

CARR, Sandy. *Guía de bolsillo de los quesos.* Barcelona. Editora Folio, 1982.

WALTON, Stuart. *The world enyclopedia of wine.* Londres: Lorenz Books, 1996.

The concise atlas of german wines. Londres: The German Wine Institute, 1986.

ICONOGRAFIA

MONTEIRO, D. Salles. *Catálogo de clichês.* São Paulo: Ateliê Editorial, 2003.

Dover Pictorial Archive Series. New York: Dover Publications, 1983.

*Para saber mais sobre nossos títulos
e autores, visite nosso site:*
www.mauad.com.br

*Este livro, da MAUAD Editora,
foi impresso em papel ofsete 75g
na gráfica Sermograf.*